種
常民小吃的
跨境尋跡與風味探索

# 臺味原來如此

潤餅裡包什麼
透露你的身世！

陳靜宜 著

# 推薦序

## 為食物尋根，亦是尋找自己

我一直認為，食物是這世界上最奇妙的。一千年過去，服飾早已發生更迭，漢服也好旗袍也罷，統統落花流水春去也。一千年過去，建築風吹雨打，再粗壯的金絲楠木，也抵不過一把火，一陣風。唯有食物，一千年過去，李世民和魏徵愛吃的醋芹，在今天也是下酒的好菜；蘇東坡發明的酒烤羊蠍子，我嘗試了一次，真的可以吃出螃蟹味道；張愛玲念念不忘的草爐餅，仍舊可以在街頭買到……

食物成為這世界上最有可能連接古今的載體。它是一把鑰匙，可以讓我們遨遊在歲月的長河之中，結交書中的古人，弄清神秘的疑案，也許，更可以用以尋找自己的根。

講一個用食物尋根的故事吧。我有一位姨婆，生前最念念不忘的是一碗「有點辣」的紅湯牛肉麵。她始終說不清楚那碗麵的構成，只記得，有牛肉，是紅湯。這是抗戰勝利那年，她和戀人在自貢街頭吃到的味道。她說大家的臉上喜氣洋洋，她說夜晚的燈光格外明亮，她和他坐在小店裡，兩個人吃一碗麵，他對她說：「勝利了，你能不能嫁給我？」說這句話的時候，姨婆的皺紋褶子裡都透露出一種嬌羞，她低下頭，手裡揉搓著衣角，喃喃自語：「那碗麵，真的很好吃。」她嫁給了他，然而山河巨變，他們分隔兩岸，他在赴台之後十年車禍身亡，剩下她，一個人在大陸，永遠懷念著那碗紅湯牛肉麵。姨婆去世前一年，台灣某品牌的紅燒牛肉麵開到了上海，我帶她去吃，並且告訴她，在臺北，有著很多很多家紅燒牛肉麵店，據說來自崗山空軍眷屬的發明。她默默吃著，不響，幾分鐘之後，忽然說：「有一點點像。」

一碗牛肉麵，就這樣穿越了時空，連接了人的記憶。得知靜宜決定在疫情期間寫一本台灣食物與中國閩南原鄉關聯的書，在如今的大環境下，她有勇氣，有毅力，有恆心，來寫這樣的選題，可謂大功德。承她邀請，寫一篇小序，我堅信這世間愛吃的人都是溫柔的，而愛中華食物的人，始終都有一顆同宗同源的心。

李舒

作家，著有《民國太太的廚房》、《潘金蓮的餃子》、編有《皇上吃什麼》等書。

# 推薦序

## 行走各地，一把理解自己的食物之鑰

二〇二〇年農曆年前，接到了靜宜從中國打來的電話，興奮地說著一路採訪的所見所聞，在她的詮釋下，麵線糊可以分成糊派與清派，光在一個福建，她就吃到了海鮮、芥菜、菜脯、南瓜等不同口味的鹹飯，小女子還像個食物偵探，追蹤雞卷為什麼叫雞卷，跟福建的五香肉捲又有什麼不同？當吃到了汕頭火鍋細緻的牛肉分切，便熱切地把分切圖給拍下，準備回來跟臺南的牛肉湯做對比。

這些年她去了中國與馬來西亞無數次，臺灣多泉漳移民，先人把原鄉滋味帶來，歷經時間、食材的改變，那些我們從小吃到大，習以為常的飲食：蚵仔煎、豆花、麵粉煎、擔仔麵、割包、花生湯……，在福建、廣東甚至馬來西亞，都可以循線找到似曾相識。

靜宜以她十多年來飲食報導的敏感度與精準性，採訪考察、閱讀文獻，編織出食物的移民軌跡與後續變遷，且知道得越多她越謙卑，遂更一步一腳印的實際走踏，把在網路上查詢不到的相互關係與比對整理起來，讓人看得直呼過癮。

因為食物，總是和人的記憶與身世相關。

我自小便愛喝湯，兒時母親忙碌，家裡甚少開伙，唯獨病時，母親會特別替我煮鍋香菇雞湯，即使沒食慾，也能喝下一大碗，長成青少年，逐步對吃食有意識後，和朋友聊起，才知道每個家庭的雞湯配料都不同，有的會放上蛤蜊，有的會加入芥菜，富裕一點的還會添點鮑魚。

一碗雞湯，每個家庭都有自己的烹調，那是私密於家人間的親暱感，微觀之食，一旦把跨度拉大，理解每個地方怎麼吃，便和巨觀的集體意識相連，靜宜給予我們一把巨觀的食物之鑰，往後當我行走各地，看到食物裡的似曾相識，便再也不會理所當然輕易放過。

透過食物，將自己定錨，看見他人並同時照見自己。

馮忠恬

《好吃》雜誌前副總編、出版人

# 自序

為什麼寫這本書？早在七、八年前寫完《臺味》後就遇到了瓶頸，我在探索臺灣食物的路上，線頭一直斷，直到幾年前到了中國大陸的閩南、潮汕一帶，才知道原來想要尋找的答案（或可能的答案）都在那裡。

一位朋友問：「你不是研究臺菜嗎？怎麼老是往外（國）跑？」我問他：「研究臺菜一定要在臺灣嗎？」

這幾年，我試圖透過遊走這些地方，拉開對臺灣食物架構的深度與廣度。不可否認，福建與廣東是臺灣多數移民的原鄉，與這些食物必然有一定的連結；而馬來西亞是除了臺灣、中國大陸外，公開使用華語人數最多的國家，加上馬來西亞最大量的華人移民籍貫就是福建與廣東，增加了與臺灣食物的相通性與對照性，這也是為何本書中要特別串連這些地方。

我在古籍、報章找到的文字資料有限，甚至潛藏很多誤差——當我拿著書中的內容對照當地人的飲食，當地人卻與書上說法不全一致，使得我對書的可信度存疑。或許不是書寫者的誤差，而是中國大陸太大了，要看地理與時間的定錨處，有可能幾十年前是這樣，幾十年後改變了；也有可能城市是這樣，但鄉鎮卻不是這樣，總之，加深我必須親訪當地的決心，不只親訪還要親吃，放進嘴裡的才是真相。

慢慢地，我發現有些隱形的線把食物串連起來，那線的背後就是人，人在不同的時空背景下，讓食物有了新生命，像滷麵、沙茶醬、潤餅，走出不一樣的故事，每當有所發現，內心就暗自讚嘆，食物的力量竟是這麼大！

這是一條孤獨的路，在臺灣建立十幾年的人脈資源，出了國門幾乎都派不上用場，一路上既有貴人相助，也有無盡碰撞，終究以我有限之力完成此書，此書書寫的並非食物的結論而是過程，是時代下的一個切面，食物自有生命的，它會隨著人事時地物不斷進行中。

## 盲人摸象

我總覺得自己是在盲人摸象。當我摸到鼻子後，又摸到大腿、耳朵，摸到更多更膽顫心驚——發現得越多，才知道自己懂得的那麼少，到底還有多少是我不知道的？

有一年我到內蒙古旅行，遊覽車開了八小時，沒有見到建築物、沒有人，天光也沒什麼改變，窗外就只是一望無際的草原，如果不是車子行進間有摩擦地面的聲音，我一度懷疑我是在外星球而非地球上任何地方，那是生活在島嶼的我所無法理解的遼闊。

到福建也是一樣，我以為那是說普通話或閩南語就可以對話，哪知福建方言多，泉州有泉州腔、漳州有漳州腔、惠安有惠安腔、福州有福州話，我大概只能聽懂三到七成；最不可思議的是莆田，一句也聽不懂。

我問泉州人，泉州人有什麼特別的性格，他對我說：「我們泉州人很簡單，就是愛拚才會贏。」我心裡暗哼了一聲：「什麼嘛，愛拚才會贏是臺語歌呀，我們臺灣人的性格才是愛拚才會贏。」就當這麼想時，突然心中另一個聲音震撼了我，「臺灣很多泉州移民，冒險、拚搏，這難道是早存在基因中的性格？」

當我到漳州時，漳州人每店、每家桌上都一組茶具，購物、洽商，甚至連問路都是先喝茶再說，這跟臺灣鄉鎮裡景象一個樣，不管事情輕重緩急，就說：「來啦，來喝茶啦。」回歸到生活，人們想的、做的是如此相近。當我到福州時，我才真正懂得福州人看待食物的角度，表象上看來單薄其實深邃。當我到汕頭時，發現潮汕語言與食物，跟臺灣超乎想像地貼近。

探尋食物脈絡的過程中，我被所見所聞不斷打臉，每一次打臉都代表學到了更多也更倉惶謙卑。我明白了人都有侷限，沒有人能看見事件全貌，即使視力有多好，都看不見自己的背後。我慢慢懂了，自己不過是在摸象的盲人，摸到了象腿、象鼻，只能說出梗概而非全貌。

我所能做的，只能真實呈現所採集的片段資訊，而非提供絕對且唯一的結論。我期待本書能拋磚引玉，引來更多人一起來摸象，當拼接的資訊越多，就越有機會趨近於全貌。

## 感謝

本書的完成度跟我有多少福份有關，我覺得自己很有福氣，本書的資料採集是在沒有任何贊助的情況下完成，背後有許多默默協助的貴人。

我要謝謝耿暄、柯俊年、汪杰、海鮮大叔、許慧敏，透過你們引薦，讓我最終有機會能與關鍵性人物對話，增加本書的真實性與完成度。還有一路陪伴這本書從無到有的編輯馮忠恬，陪著我從伸手不見五指的黑暗隧道裡，逐漸看見光亮，以及一直是我翼下之風的夏惠汶院士，更要謝謝廈門周躍女士與李舟的友情協助，沒有你們就沒有這本書。

## 受訪者（無順序分）

**【臺灣】**黃永源（臺南市新化區大坑里里長）、黃飛霖（舒喜巷—市集創辦人）、林國棟（樺林乾麵負責人）、吳健豪（阿霞飯店負責人）、林督欽＆黃素青（八棟圓仔湯第二代負責人）、柯俊年（臺灣廚師、廈門移民後代）、黃雅媜（禾康中醫診所院長）、朱淑美（臺南麻豆龍泉冰店第三代）、戴逸（彰化員林清記冰果店第三代）、蔡佳芳（林語堂故居主任）、林志銳（福州移民第三代）、韓良憶（作家）、鄧惟心（出版社編輯）、洪松柏（金門金瑞成竹葉貢糖負責人）、洪秀宏（臺南度小月擔仔麵代表）、林佳蓉（臺中兆品酒店總經理）、呂春梅（大稻埕媳婦，1952年生）、王永宗（臺北福華飯店蓬萊邨主廚）、李萬（臺南總鋪師，1944年生）、陳偉強（君品酒店頤宮行政主廚）、李姝慧（泉州移民後代，世居臺南）、林怡馨（《SO SWEET！和菓子的東京甜點私旅行》作者）、吳明展（世豐鹿肉店）、陳忠信（旗袍師傅—大稻埕福州後代）、楊光宗（亞都麗緻酒店天香樓行政主廚）、張志名（芸彰牧場負責人）。

**【廈門】**周躍（廈門人，1958年生）、李舟（廈門人）、朱家麟（《廈門吃海記》作者）、海鮮大叔（廈門知名部落格格主）、顏靖（廈門知名部落格格主）、郭榕（《新浪廈門》旅遊美食記者）、吳嶸（宴遇餐廳主廚）、張淙明（廈門黑明餐廳負責人兼主廚）、賴世輝（佘阿姨花生湯負責人）、蓮子（惠安人，廈門出生）、曉彤（福建福安人，廈門定居）、仇媽媽（廈門人，1934年生）、李廈生（友生沙茶麵老闆）、盧榮崇（廈門人）、盧文晶（廈門人）、吳美玲（同安逸安薄餅負責人）、周美容（1930年生，廈門人臺灣定居）。

**【福州】**陳珺（福州日報社《家園》編輯部總監）、許靈怡（福州日報社《家園》副主編）、陳金霞（永安人，長居福州44年）、林量（福州菜大師）。

**【漳州】**張瓊霖（雲霄人，漳州定居）、張偉明（雲霄人，漳州求學）、林周明、林祥龍、蘇國泉（漳州龍海白水正興貢糖負責人）、曾智超（漳州人，天津南開大學碩士班研究生）、魏田英（漳州人，1947年生）、吳如珊（漳州人，1942年生）。

**【泉州】**謝敬雄（泉州文史工作者）、鄭達真（民宿負責人）、許鵬忠（惠安人，泉州定居）、曾玲玲（老金鐘潤餅負責人）。

**【莆田】**吳海英（莆田人）、許慧敏（莆田人，臺灣定居）、鄭慶喜（莆田人，廈門大學學者）。

**【潮汕】**張新民（《潮菜天下》作者）、林海平（八合里海記負責人）、李偉深（李記老牌豆腐花第四代傳人）。

**【四川】**王旭東（《四川烹飪》前總編輯）、劉洋（重慶人）。

**【馬來西亞】**林金城（馬來西亞飲食作家）、林忠生（詩巫福州後代）、林翠瑩（詩巫福州後代，臺灣定居）、陳愛玲（檳城人，臺灣定居，《辛香料風味學》作者）、張麗珠（檳城人，美食文化工作者）、陳福財（檳城人、Youtuber）、Jason（怡保福州移民後代）、謝清雯（怡保廣東移民後代）。

另鳴謝：西拉雅國家風景區管理處、馬祖國家風景管理處、交通部觀光局前公關室齊逸林女士提供部分採訪協助。

註：部分內文是從不只一人說法下，經過交叉比對後得出的論述，為求文字閱讀通暢，未在內文完整名列受訪者，而統一在此列出。

# 目錄

contents


002

**推薦序**

**李舒**

為食物尋根，
亦是尋找自己

004

**推薦序**

**馮忠恬**

行走各地，
一把理解自己的食物之鑰

006

**自序**

016

**擔仔麵**

**擔仔麵有三胞胎?!**

擔仔麵在臺灣已超過百年歷史，這款由鹼麵、蝦湯、蝦組成的麵，原本可能是三胞胎，它串連起了臺灣與廈門、檳城三地的關聯性，背後顯見的是閩南移民的分佈路線。

028

**牛肉麵**

**牛肉麵是臺灣的？**

牛肉麵的意義，在於它已經從外省人的鄉愁，轉變成一道本省人與外省人在飲食上有交集，象徵對彼此的認同並且產生集體記憶的食物。其他地方的牛肉麵又是如何的呢？

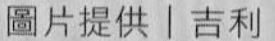
圖片提供｜吉利

圖片提供｜度小月

068

## 割包

**有想過「割」的意義嗎？**

割包不只臺灣有，泉州人稱為虎咬獅，兩者風味還九成八相近。割包是少數被年輕人翻新重現的食物，而且揚名海外，你覺得割包能說明臺味嗎？

054

## 麵線糊

**勾勾纏了多少地方？**

北部有大腸蚵仔麵線、南部有蚵仔麵線，一糊派、一清派，兩者都能在閩南找到蹤跡；鹿港麵線糊又與泉州麵線糊的稱法一致，我們從麵線的線索裡，能發現臺灣與原鄉剪不斷理還亂的勾勾纏關聯。

040

## 蚵仔煎

**你以為蚵仔煎**
**只是臺灣小吃嗎？**

蚵仔煎不是臺灣限定，它很國際！隨著移民者腳步，版圖也隨之擴展，不同地區有不同詮釋蚵仔煎的方式──有的因移居而成「辣妹」，有的疑似因電視劇而變種。蚵仔煎是了解華人跨域小吃的第一步。

100

## 土豆仁湯

**臺灣的之一，**
**廈門的唯一**

對現在的臺灣人來說，土豆仁湯是甜湯底之一；對老廈門人來說，土豆仁湯是唯一。從兩地人對土豆仁湯的態度，發現臺灣人在飲食上有「這種」性格特質。

090

## 豆花

**搗碎吃或不搗碎吃？**

豆花的鹹黨與甜黨，曾在網路上引發大戰 16 萬條評論，證明有人真心愛豆花。你愛吃豆花嗎？你知道光從搗碎或不搗碎，便能看出你來自何處？

078

## 沙茶醬

**醬料界的成吉思汗，**
**臺灣醬料之王**

這款從南洋到中國，再從中國潮汕到臺灣的醬料，版圖之大，是醬料界的成吉思汗。使用的配料從 20 多種到 50 多種皆有，有的要乾炒、有的要磨粉，炒製的火候也很重要，是明顯被低估的醬料啊。

# 猜你想知道

130

## 潤餅

**一種可以讀出你身世的食物**

每戶人家的潤餅料都不一樣，一捲潤餅就像沒有文字的族譜，記錄了你身世的密碼，你是誰？你從哪裡來？不用問算命仙，咬一口潤餅就知道了。

120

## 傻瓜乾麵

**福州乾麵為什麼到了臺灣稱為傻瓜乾麵，到底誰傻瓜？**

看似越簡單的事，背後就越不簡單，如此純粹的麵想要脫穎而出，就得更往細節裡走才行，看這款一青二白乾麵如何奔馳在福州、臺灣與馬來西亞之間呢？

110

## 雞卷

**為什麼雞卷裡沒有雞？**

雞卷橫跨福建、臺灣與新馬，這道食物上得了廳堂，也可以是路邊攤食物，我們不僅解開雞卷的身世之謎，還發現了它有個「五香肉捲」的手足。

170

## 薑母鴨

**黑、白、乾、湯，四派薑母鴨各領風騷**

薑母鴨是一個發跡於中國大陸、臺灣原創又於廈門發揚光大的食物，它在短短數十年產生戲劇化改變，讓我們看見食物的遊走，就如同大富翁桌遊一般，有時翻牌是命運、有時靠的是機會。

156

## 汕頭火鍋

**臺灣與汕頭的汕頭火鍋各自向前走**

臺灣跟汕頭都有汕頭火鍋，在發展過程中出現變化，汕頭往牛肉解剖的方向走，臺灣往沙茶配方方向走，兩者走向不同的路，你會愛哪一味呢？

144

## 麵粉煎

**叫法千百種人見人愛的街頭點心**

麵粉煎是一種平凡但不可忽視的存在，舉凡臺灣、中國閩南地區、香港、新馬、印尼等地都吃得到的街邊點心，並且變化出各種樣貌，有厚如棉被、有薄如紙張，有大如桌面、有小如手掌，它以最不張揚的方式，撫慰了各地人們的片刻時光。

184

## 鼎邊趖

**福州人的飲食印記**

凡走過必留下痕跡，福州人隨著移民腳步，在飲食版圖上留下許多記號，從福州到臺灣、東馬詩巫等地，鼎邊趖正是福州人存在的證明，只是鼎邊趖講究工藝，肯做、會做的人越來越少，在臺灣恐將消失。

194

## 滷麵

**來頭不小，滷麵也分派系?!**

話說滷麵好會跑，北從日本、臺灣、中國大陸，南到新馬都有滷麵的足跡，你知道臺灣滷麵還分為兩大派系嗎？兩方還各有來頭呢！

206

## 鹹飯

**最純樸的家滋味**

閩南鹹飯使用與土地相連的食材，氣味深入米飯中，貼近所有人，是真切的家滋味，每個人多有屬於自己的鹹飯記憶，而且必然牽動與家人的情感聯繫。

214

## 四果湯

**真心為你好的甜湯**

四果湯是一道夏日古味甜湯，你知道的四果湯指的是四款蜜餞、四種水果，還是以上皆非？來自泉漳的四果湯，從中醫的角度來看配料，會發現古人是這樣用心地為你好。

224

## 光餅

**有福州人的地方，就有光餅的蹤跡**

光餅與其他餅最大的不同，在於能以繩貫穿，這條線穿越歷史與地理，串起四百多年前的戚繼光，串起福州、臺灣與詩巫，串起現代與過去的對話。

234

## 貢糖

**一顆牽動漳州、廈門、臺灣、金門與南洋的甜點**

一顆貢糖，描繪出廈門人的生活日常、漳州人的驕傲，勾勒出臺灣離島近代軍事史，還揭開了一段金僑的南洋移民史。

246　本書店家資訊

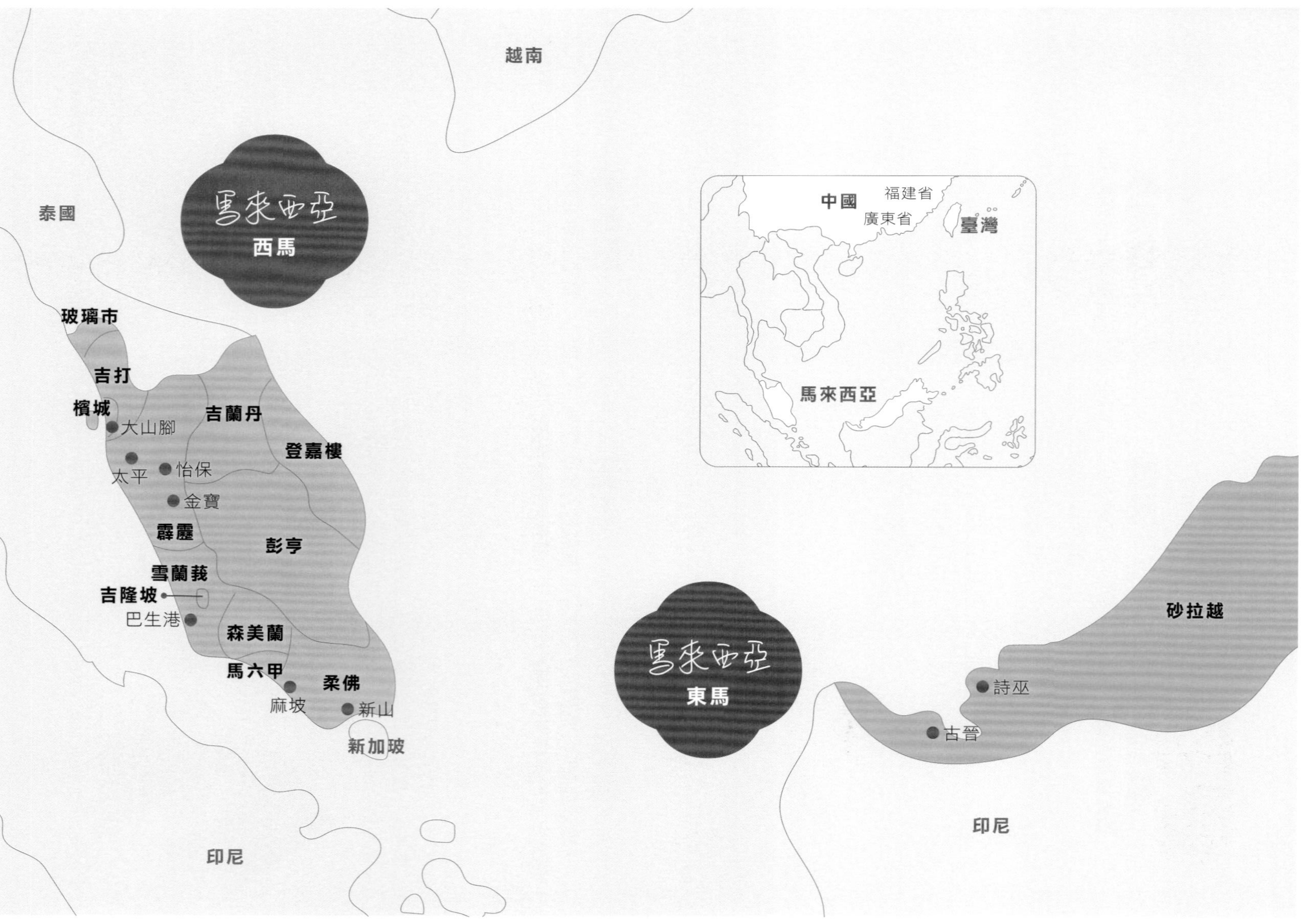
越南
泰國
馬來西亞
西馬
玻璃市
吉打
檳城
大山腳
吉蘭丹
登嘉樓
太平
怡保
金寶
霹靂
彭亨
雪蘭莪
吉隆坡
巴生港
森美蘭
馬六甲
柔佛
麻坡
新山
新加坡
印尼
中國
福建省
廣東省
臺灣
馬來西亞
馬來西亞
東馬
砂拉越
詩巫
古晉
印尼

# 地圖

中國
福建省
寧德市
建甌市
南平市
馬祖
三明市
福州市
莆田市
仙遊縣
龍岩市
泉州市
惠安縣
崇武鎮
同安區
廈門市
金門
龍海市
白水鎮
漳州市
中國
廣東省
雲霄縣
潮州市
揭陽市
汕頭市
澎湖
臺灣

tànn á mī

# 擔仔麵

# Danzai Noodles

臺南

| | |
|---|---|
| LOCATION | 臺灣 |
| NAME | 擔仔麵 |
| FEATURE | 獨有肉燥 |

## 擔仔麵有三胞胎?!

擔仔麵在臺灣已超過百年歷史，
這款由鹼麵、蝦湯、蝦組成的麵，原本可能是三胞胎，
它串連起了臺灣與廈門、檳城三地的關聯性，
背後顯見的是閩南移民的分佈路線。

| | |
|---|---|
| LOCATION | 中國福建 |
| NAME | 蝦麵 |
| FEATURE | 各式配料自由加 |

### 檳城

| | |
|---|---|
| LOCATION | 馬來西亞 |
| NAME | 福建麵、檳城蝦麵 |
| FEATURE | 甜辣湯頭成一絕 |

## 擔仔麵有三胞胎?!

擔仔麵已是家喻戶曉的臺南名小吃，是否想過這款麵食其實有不同的分身，因著人事時地物的不同而有不同滋味？

我小時候吃到的擔仔麵約是手掌心大小的淺碗，對臺南人來說天經地義。若真的食量大，那麼可以再來一碗，總之就是不能抗議：「我要大碗一點！那麼小碗怎麼吃得飽？」那是會被在地人竊笑的。為什麼？因為擔仔麵內容物是有其黃金比例，只要變動其中一個，就會走味。

那麼只要把所有內容物都按比例放大不就得了？不行！那就少了意

臺灣、廈門、馬來西亞檳城，三地的蝦麵都用鹼麵。

猶未盡那股興味，大碗擔仔麵是隨著觀光興起的產物，擔仔麵是不能比照陽春麵吃的。俗諺說：「食少有滋味，食濟無趣味。（淺嚐有滋味，吃多變無趣）」做人做事也是這樣，要留點餘裕。

近年，我走訪各地後發現，擔仔麵可能有三胞胎！在廈門、臺灣、檳城三地都有，只不過各地稱法有所不同——廈門稱為「廈門蝦麵」，檳城稱為「福建麵」，馬來西亞其他地方稱其為「檳城蝦麵」。在臺灣則稱為「擔仔麵」。

這三地的蝦麵有許多共同點：其一是都使用鹼麵；其次是湯頭皆用蝦頭、蝦殼熬湯；第三是麵上都會配蝦。以各自特色來說，臺灣獨有肉燥與坐煮；廈門配料可自由選配；檳城濃厚甜辣湯頭最過癮。之所以會變辣，我想氣候是其中因素之一，馬來西亞四季炎熱，吃辣會出汗，出汗是人體調節體溫的主要方法之一，汗水蒸發可散熱，只要同時攝取水分，就能達到降溫的效果。

馬來西亞檳城福建麵是半粉半麵。

綜觀背後，三地有些相同背景：一、皆為福建人的落腳處，廈門原本就位屬閩南；臺南以泉、漳移民居多；檳城以閩南移民居多。二、皆為靠海港口，蝦類取得容易，讓蝦麵得以落地生根。

或許有人會問，三地哪裡的擔仔麵最正宗？比起這個，我感興趣的是，同一個食物在三地因著人事時地物的不同，造成吃法或味道上什麼變化？我幾年前寫了《臺味》一書，總覺得見樹不見林，於是前往更遠的路上追尋臺味，透過這個歷程，認識他人的同時也更加深地了解自己，並且從中找到臺味的定位。

傳統擔仔麵店家的肉燥鍋不清洗，採取「養鍋」概念。

# 臺南擔仔麵 獨有的坐煮哲學

漳州人洪芋頭來到臺南，原以捕魚為業，他靠著從漳州學來的肉燥作法，以蝦殼熬湯，挑麵擔沿街叫賣，他早年挑擔時坐煮，後來代代相傳坐煮就成了活廣告，如今開業的擔仔麵店，幾乎都依此雛形設計麵攤。

我們可以觀察到，幾乎所有麵食都是站煮，臺南擔仔麵卻是少見的坐煮。擔仔麵之所以坐煮，可能跟它麵條的份量與種類有關，麵量少（約50公克，一般日本拉麵約150至250公克），因此不需像日本拉麵那樣站著用力甩除麵裡殘存的水分，加上擔仔麵用的是鹼麵，鹼麵本身就是熟麵，只要稍微在熱水中「搣搣（上下用力搖晃）」就可以。

作法是將鹼麵放入笊籬燙熱，再

臺灣擔仔麵的麵量約只有50公克，是三地最少的。

放入豆芽菜氽燙，將其倒扣到碗內，淋上一匙蒜泥、烏醋、肉燥、添湯汁，最後擺上蝦與香菜。煮麵姿態的柔順與優雅，成了煮擔仔麵最好看的地方。

此外，三地裡，只有臺灣擔仔麵會加肉燥，肉燥也被擔仔麵界視為最重要的關鍵。傳統擔仔麵店家的肉燥鍋不清洗，採取「養鍋」概念，普遍認定滷汁是越陳越好，滷汁少了就再添新料，新舊混合繼續熬煮，度小月曾有一只用了五十多年滷肉燥的鐵鍋，經過多年翻攪，最終長勺刮穿鍋底，鍋破汁流。臺北「驛站擔仔麵」的肉燥則強調不加一滴水，使用了豬皮、豬頸肉、豬油與豬五花不同部位，分開炒製後，再加入16瓶米酒與紅蔥頭等香料熬滷，十分講究。

## 蝦是關鍵點

廈門明月蝦麵，以大鍋扎扎實實地熬蝦湯。

能把三地名稱不同的麵銜接在一起最有力證據，我認為蝦扮演重要關鍵，蝦又分為蝦湯跟蝦肉。從蝦麵的蝦，也可以看到三地各自的特色與難題。

蝦湯的蝦多半是取用規格過小或價格便宜的雜蝦熬湯，作法是把蝦殼炒香、蝦頭搗碎再熬煮成湯，取用時瀝除雜質而純取湯頭。這原本是一種物盡其用的想法，然而在地球暖化影響下，海鮮資源越來越有限。臺南擔仔麵就此影響而「變味」了，這個改變是中性的，沒有好與不好，而是要面對並接受它的改變，並且從中得到學習。

### 臺灣南部火燒蝦

過去擔仔麵會使用一種名為「火燒蝦」的蝦，原本只是下等雜蝦，賣不到好價錢，才成為小吃食材，臺南蝦仁肉圓、鍋燒意麵、蝦捲、蝦仁飯、碗粿都用火燒蝦，現在火燒蝦越來越稀有，供不應求、價格也

檳城蝦湯濃郁醇厚，除了蝦，還加入黑醬油、冰糖與辣椒，自成一格，喝起來有蝦味爆發的過癮感，店家甚至還會在湯上用調羹裝一勺辣椒醬，端看客人是否要雙倍加辣。（圖前為滷麵、後為檳城蝦麵。）

廈門蝦麵是可以加配料的，如大腸、滷蛋、筍絲、豆腐、蝦子、丸子等十多種選項，店家會把你選好的配料放到麵上，配料越多越貴，這也使得蝦麵的樣貌在改變當中。

水漲船高，有些店家換蝦、有些店家乾脆就不放。臺南度小月擔仔麵業者告訴我，他們已經改用印尼養殖蝦，這是業界一場物盡其用的合作——鼎泰豐有蝦仁炒飯、絲瓜蝦仁小籠包、蝦肉紅油炒手等產品，蝦子的用量很大，而棄之不用的蝦殼就供應度小月熬蝦湯，既環保又省錢，說來也是美事一樁。

## 廈門狗蝦

既然蝦越來越貴，店家會不會使用速成蝦精粉之類的人工添加物？或許可以從湯頭上是否浮有蝦油作為判斷。廈門是一個海島，據當地人說，廈門蝦麵的湯頭以蝦頭、蝦殼與豬大骨熬製，一定要使用本地產的野生狗蝦，這蝦熬出來的蝦湯是蝦紅色，其他蝦熬出的蝦湯就偏黑。別家我不清楚，我能確定明月蝦麵是大鍋扎扎實實地熬蝦湯，因為有次去吃麵時店家剛好在熬蝦湯，滿滿蝦殼浮在水面，實在壯觀，還有一層蝦油，這才讓我吃得安心。

將一隻鈕扣般的小蝦橫剖成五至六片，是困苦年代裡才會長出的產物，有甘苦人心疼甘苦人的體貼在內。

## 檳城片蝦技

至於檳城福建麵最有特色的就是蝦肉片。中國華南一帶華人來到東南亞拓荒，環境困苦，多數人收入微薄，福建麵是常民小吃，蝦肉自然不可能放多，攤主又要滿足食客對蝦肉的想望，這矛盾激發了攤主的潛能，從有限的現實裡發揮無限可能。為了充量充數，店家會把蝦對半剖再對剖，變成薄蝦片，薄可透光，一隻鈕扣般的小蝦還能橫剖成五至六片，功夫了得，我第一次見到時讚嘆不已，捨不得吃。這手工蝦肉片是困苦年代裡才會長出的產物，有甘苦人心疼甘苦人的體貼在內，比龍蝦來得珍貴，然而隨著攤主年邁，絕技恐將失傳，想吃就得趁早。

臺灣、廈門再加上馬來西亞檳城，三地的蝦麵各自綻放出美麗的樣貌，在品嚐蝦湯的同時，我也在想著人無論到了哪裡，生命底層是互通的，這味道像有一條隱約的線，串連著不同地域的人們。

檳城福建麵的湯頭是三地裡味道最濃郁，配料中的手切蝦片也最讓人讚嘆。

台湾ラーメン

## 當擔仔麵跑到了日本

擔仔麵隨著戰後臺灣移民者腳步跑到了日本，成了「臺日聯姻」的食物。緣起於1970年代，名古屋一家叫做「味仙」的臺灣料理店，老闆郭明優在空班時，坐在店內以小碗吃著「タンツーメン」，發音為「擔仔麵」，這款麵的湯頭是雞湯，大量的肉燥與韭菜作為調味與配料，麵條則是鹼麵，因為郭明優來自臺灣，這款麵便被稱為「臺灣拉麵（台湾ラーメン）」[1]。

一開始只在熟客間流傳，後來知道的人越來越多，頓時紅了起來，一開始並不辣，然而有段時期流行辣椒減肥法，於是就開始在麵湯裡加了大量辣椒。我在日本時也跟風過辣椒減肥法，那時看到一款「辣椒入浴劑」，號稱可以加速新陳代謝，然而當我泡在紅通通的浴缸裡，覺得自己好像躺進一碗紅燒牛肉麵，搞得我肚子好餓啊。

總之，臺灣拉麵自此定型，以雞湯、鹼麵、肉燥、韭菜、辣椒所構成，因為受歡迎，一傳十、十傳百，名古屋市四百家拉麵專門店，就有一半以上店家提供「臺灣拉麵」，是一款連臺灣都沒有的「臺灣拉麵」。

1 味仙官網 http://www.misen.ne.jp/ramen ｜原文刊載於《中日新聞》|2000-03-16

我有肉燥，你吃過嗎？

# 胞胎比較

## 配料比一比

LOCATION 臺灣
NAME 擔仔麵
FEATURE **獨有肉燥**

只有臺灣蝦麵會加肉燥。滋味的輕重不全靠湯頭，而以肉燥、烏醋、蒜泥作為調味，肉燥鹹甜、烏醋用來提鮮、蒜泥用來壓腥。

LOCATION 廈門
NAME 蝦麵
FEATURE **配料最豐富**

配料豐富，一定會放蝦，其餘如魚丸、豬內臟、叉燒等可自由選搭。

LOCATION 馬來西亞檳城
NAME 福建麵
FEATURE **新舊兩派皆有**

配料有豆芽、蛋、蝦、紅蔥酥與肉片。傳統派會放空心菜；新派提供各種配料，從魚丸、雞爪、滷蛋、豬皮，甚至還有現代口味的起司香腸。

我半滷半蝦，是紅黑郎君。

## 湯頭比一比

LOCATION 臺灣
NAME 擔仔麵
FEATURE **最清淡**

傳統擔仔麵以火燒蝦熬製湯頭，不過隨著海洋資源匱乏，已不限蝦種。擔仔麵湯清可見底，湯頭蝦味偏淡。

LOCATION 廈門
NAME 蝦麵
FEATURE **浮蝦油**

湯頭一定要使用當地產的野生狗蝦。湯頭以蝦頭、蝦殼與豬大骨熬製，湯面還浮著一層紅色蝦油為其特色。

LOCATION 馬來西亞檳城
NAME 福建麵
FEATURE **甜辣味**

湯頭除了蝦殼還加了黑醬油，湯色深鬱、甜辣。攤子通常兼賣滷麵，因此一碗可以半蝦湯、半滷湯，靈活度大。

# 擔仔麵三

## 麵條比一比

| LOCATION | 臺灣 | 廈門 | 馬來西亞檳城 |
|---|---|---|---|
| NAME | 擔仔麵 | 蝦麵 | 福建麵 |
| FEATURE | **鹼麵，量最少** | **鹼麵，量適中** | **粉麵各半，量適中** |
| | 使用鹼麵，麵條用量是三地裡最少的，約50～55公克。 | 使用鹼麵，如陽春麵一般份量。 | 使用鹼麵，檳城店家通常會端上半米粉、半鹼麵的組合，一碗兩口感。 |

## 蝦子比一比

| LOCATION | 臺灣 | 廈門 | 馬來西亞檳城 |
|---|---|---|---|
| NAME | 擔仔麵 | 蝦麵 | 福建麵 |
| FEATURE | **限量一隻，獨留尾殼** | **豐儉由人** | **變蝦片** |
| | 臺灣擔仔麵的蝦只能有一隻，這蝦還不能大，要與小碗的比例和諧；而且必留蝦尾，一是代表新鮮，新鮮的蝦尾呈散張狀，二是好拿取。 | 廈門的蝦麵分為傳統版與創新版。傳統版的蝦小如蝦米或如食指大小，但都是去殼蝦；隨著經濟條件改善，創新版是頭身俱全的帶殼蝦。 | 檳城福建麵的店家招牌上幾乎都會畫上兩隻大大對蝦，可是湯頭裡的蝦是小如鈕扣，有些店家會把一蝦片六片，薄可透光，展現刀工。 |

niú ròu miàn

# 牛肉麵

## Beef Noodle Soup

| | |
|---|---|
| LOCATION | 中國甘肅 |
| NAME | 牛肉麵 |
| FEATURE | 九款麵條 四海遠播 |

### 臺灣

| | |
|---|---|
| NAME | 牛肉麵 |
| FEATURE | 臺規腱肉 世界知名 |

## 牛肉麵是臺灣的？

牛肉麵的意義，在於它已經從外省人的鄉愁，
轉變成一道本省人與外省人在飲食上有交集，
象徵對彼此的認同並且產生集體記憶的食物。
其他地方的牛肉麵又是如何的呢？

### 馬來西亞

| | |
|---|---|
| NAME | 牛肉麵 |
| FEATURE | 客家精神 常民滋味 |

### 四川

圖片提供｜吉利

| | |
|---|---|
| LOCATION | 中國 |
| NAME | 牛肉麵 |
| FEATURE | 香料了得 出神入化 |

## 你，吃牛肉麵了沒？

有次，我在臺北一家牛肉麵店裡吃麵，多數牛肉麵店擁擠狹小，我去的那家也不例外。沒多久一對年輕情侶入內，店內滿座，只有我跟前還有兩個空位，他們與我併桌而坐，我見過吃東西也要手拉手的情侶，連一秒都捨不得放開，吃東西就專心吃東西，遇上那種我好想把他們手剁開啊！這時不經意聽到，小小聲但話挺狠的，「你不高興，可以走啊！」男孩說。

男孩怎麼知道我在想什麼？我手抖得要命，一抬頭看，才知道他是對著那女孩說的。我手抖得更厲害了，萬一他們激動起來互潑牛肉湯，波及到我怎麼辦？我發現有可換桌的空位，但換桌可能讓兩人更難堪，而且牛肉麵很好吃，我不想中斷

1 林桶法（2018-01-10）｜戰後初期到 1950 年代 臺灣人口移出與移入，《臺灣學通訊》103 期

來碗和牛臉頰肉的牛肉麵吧！

吃麵的節奏，於是我成了「景觀第一排」，一邊吃麵一邊收看他們的分手擂台。

女孩當下就無聲地掉淚了，啜泣聲被掩蓋在來自四方吃麵的唏哩呼嚕聲中，我內心非常緊張，下一步會不會有人拂袖而去？然而他們誰也沒離開，連我也沒走，我們三人就在沈默中各自把麵吃完。

事後我一直思索，到底是為了真愛不走，還是麵好吃到不走。然而不管是美味還是愛，我都慶幸牛肉麵還存在於現代生活中，並被不同世代的人們所接受。

比起其他傳統小吃，牛肉麵與臺灣近代飲食更具有緊密的關聯性——1949年國民政府撤退來台，將近120萬來自中國大陸各省籍軍民落地生根[1]，各種不同飲食習慣濃縮於此，戰後美國援助麵粉、罐頭牛肉等物資，開放牛肉進口，彷彿天時地利人和，牛肉麵自此站上臺灣的飲食舞台。

臺北市政府在2005年舉辦首屆「臺北牛肉麵節」炒熱了話題，每個人碰面時的問候語從「你好！」變成了「你吃牛肉麵了沒？」[2]從此牛肉麵就成了臺北美食的代名詞。

2 利基整合行銷（2006），P.17｜你，吃牛肉麵了沒？《牛肉麵教戰手冊》。旗林出版社

## 蘭州展現手工製麵工藝之美

牛肉麵並非臺灣獨有，在四川、蘭州、馬來西亞、福建等地都有牛肉麵。有趣的是，一碗成功的牛肉麵固然必須面面俱到，但真要說出個強項還真是各有所長，走訪下來，得到的感想是蘭州人強調麵條、四川人強調湯頭、臺北人強調牛肉。

大家不一定到過蘭州，但幾乎都聽過「蘭州拉麵」，蘭州拉麵主打的正是牛肉麵，全中國估計有超過五萬家蘭州牛肉麵店，「蘭州牛肉麵」

蘭州牛肉麵講究一清、二白、三紅、四綠、五黃。

3 衛韋華、王志恆（2010-07-02）｜甘肅蘭州被命名為中國牛肉麵之鄉。新華網

4 此規格主要是指蘭州市區境內較具規模的店家，外地蘭州拉麵連鎖店受限於人力、成本等因素，內容簡化。

[3]已經成為人們認識蘭州的方式，臺灣也曾有業者打著蘭州拉麵名號開業，可惜後來多關門大吉。

甘肅蘭州約從清嘉慶年間開始有牛肉麵的文字記載，2010年被中國烹飪協會命名為「中國牛肉麵之鄉」，現今蘭州市區有超過一千家牛肉麵店，每天至少有60萬人的早餐就是牛肉麵。

蘭州牛肉麵提供以驢油煉過的辣油。

多年前我曾造訪蘭州，蘭州牛肉麵講究「一清、二白、三紅、四綠、五黃」，一清是湯要清、二白是湯裡的白蘿蔔、三紅是辣椒、四綠是香菜蒜苗、五黃是麵條亮黃。這五個要件裡竟然沒有提到牛肉，我吃到的牛肉是犛牛瘦肉，如郵票方形大小；辣椒則是用驢油煉過，味道厚重，是額外添加的調味品。

蘭州牛肉麵的特色就在於麵條，彷彿是活的，不僅變化多樣也講究筋性與咬勁。主要分三大種類：扁、圓、三角。扁麵還有大寬、寬、韭葉子三種選擇，「大寬」是約兩指寬的麵，中厚兩邊薄，像皮帶般一碗一條麵到底。「韭葉子」類似韭菜葉寬度。圓麵可選粗、二細、三細、細、毛細五種，師傅拉扯三兩下就幻化出數百根、上千根，其中「毛細」如其名，細如毛髮，可穿縫衣針；最後一種「蕎麥稜」，稜就是山稜，麵條呈等邊三角形[4]。

麵條能延伸出九種變化，靠的是背後的職人，麵條在他們手中時而扭動彈跳、時而飛舞飄逸，展現麵食的工藝之美，還有深厚的力道，這也是為什麼一想到蘭州拉麵，就直接浮現廚師甩麵的畫面吧。

蘭州的麵食發達，除了牛肉麵外，漿水麵與驢肉黃麵也很有名。

## 四川湯頭多香料

重慶牛肉麵。圖片提供｜吉利

事實上，在重慶、宜賓、成都、內江、瀘洲等地都有牛肉麵，然而四川的麵食市場太精彩——重慶最有名的麵食是重慶小麵、成都最有名的是擔擔麵、宜賓最有名的是燃麵，牛肉麵雖然稱不上一線，卻也有其講究之處。

精研川菜四十多年的《四川烹飪》前總編王旭東說，在四川，以地域上來分，川北跟川西的牛肉麵口味較溫和，川東與川南的牛肉麵在油、薑、花椒下得多，相對口味也比較厚重。嚴格來說，每家牛肉麵的味道都不同，有的店家麵條多樣、有的店家混兩種以上的油、有的店家重視花椒與配方。「重要在湯頭，每家自己吊湯，這湯一勺就配一碗，想添湯都不行，本都下在湯裡頭了，店家寶貝得很，這湯跟麵的產量是估算好的，少了一勺就等於少賣了一碗。」

除了湯頭，薑、花椒與豆瓣醬是湯頭少不了的要角，尤其是大量的植物油。他說，很多天然香料是脂溶性的，大量的油能使香氣更容易釋放也較能持久。

我也曾造訪過成都，對調料重油的印象也很深刻，油在此猶如靈媒的角色，把禁錮在八角、花椒、桂皮等的魂魄釋放出來與人溝通。然而也因為湯頭厚重多油，當地人吃牛肉麵享受著麵條與被麵條包覆、捲上的滷汁，並不喝光它。

## 臺灣牛腱規格揚名國際

回到臺灣牛肉麵，臺灣人對牛肉麵的第一評分要點，多數是以牛肉的等級、份量、口感嚼勁、入味與否作為標準。店家多喜歡用牛腱肉與肋條，臺灣牛肉麵業者對牛腱採購量已經大到揚名國際，一些國外牛肉肉品大廠一聽到「臺規腱」就知道是指「符合臺灣規格的腱子肉」。

牛腱還分前腿腱跟後腿腱，腿腱中最貴的是牛腱心，它位於牛後大腿正中央的肌肉束，是筋肉比例最好的部位，吃起來軟中帶筋。臺北林東芳牛肉麵標榜用的就是牛腱心，以獨家配方、料酒、醬油、薑以及大量洋蔥與紅蘿蔔滷製而成，滷好的牛腱心正中央會有放射狀不規則紋路，排列起來非常好看。

我妄想若世界上有一碗四川的湯頭、蘭州的麵條、臺灣的牛肉，應該是相當夢幻的牛肉麵吧！

## 牛肉麵對臺灣的意義

臺灣牛肉麵起源有至少兩種以上版本，這兩種還可能是同時並存的：一種是戰後，牛肉成為軍人伙食裡普遍菜色，軍人的配糧中有時還出現美國援助的牛肉罐頭，把牛肉加到麵食裡成了順理成章的吃法。另一種是山東退伍老兵經營牛肉攤，牛肉賣完了，就擺起麵攤，將沒賣完的牛內臟（牛雜）煮成牛雜麵賣，物盡其用。等到經濟好轉、生活條件改善後，就從牛雜麵改賣牛肉麵了。然而無論哪個版本，都脫離不了軍人與外省人的元素。

我想臺灣牛肉麵的意義，不在清燉或紅燒、牛肉或麵條，而是它從外省人的鄉愁，轉變成一道本省人與外省人在飲食上有交集，並且產生集體記憶的食物。牛肉麵扎扎實實地落了腳、長出了根，被各族群所接受。

然而現在臺北牛肉麵節已經停辦，隨著世代更替，鄉愁的味道淡了，日本拉麵、越南牛肉河粉等米食、麵食類食物充斥飲食市場，人們的選擇變多了，雖然出現華麗的、高價的牛肉麵，然而想要深耕就必須回到日常，一種跟人們生活相依的狀態，臺灣牛肉麵的下一步該何去何從？我正在思索著這個問題。

臺灣有的牛肉麵店桌上會提供牛油，自行斟酌，用來提香。（圖為林東芳牛肉麵）

## 臺北牛肉麵大事記

**1950年代中期**

臺北市桃源街牛肉麵街興盛，牛肉麵攤曾造就臺北市特殊的風景，臺北市的「**牛肉麵一條街**」至今仍是許多人的記憶圖像，日後因大火付之一炬。

**1960年代**

臺北市**龍泉街師大宿舍附近**也聚集了十多家牛肉麵攤[5]，牛肉麵訴求就是大碗滿料，當時被笑稱，看起來不像在吃麵而像在洗臉。

**1970年代**

臺北市鄭州街、聯合醫院中興院區，全盛期近20家牛肉麵攤，吃完後會到附近果汁店外帶提袋果汁收尾。此外，味王食品推出原汁牛肉麵，**牛肉麵走入速食麵市場**。

**1980年代**

**臺灣第一家臺式牛肉麵連鎖專賣店**「三商巧福」成立，至今有上百家門市，是少見大規模的中式餐飲連鎖，除了牛肉麵也販售雞腿飯、排骨飯。

**1990年代**

牛肉麵從平價小吃開始**走向高價位**、**精品化**可能性，成立於1990年的牛爸爸，推出臺幣500元牛肉麵，乃至上萬元牛肉麵。

**2000年代**

2005年臺北舉辦**首屆臺北牛肉麵節**，造成轟動，號稱創造臺幣一億元產值，各家牛肉麵業績平均成長三成，讓牛肉麵與臺北美食畫上等號。

**2010年代**

牛肉麵成為臺北觀光重點特色，幾乎每家星級飯店都提供牛肉麵，2018年的臺北**米其林指南必比登**（Bib Gourmand）名單裡，就有八家牛肉麵店。

**2020年代**

牛肉麵開始**往加工量產發展**，飯店、餐飲業者與食品加工業者合作，推出特色牛肉麵，在湯頭、麵條、牛肉與包材上下工夫。

5 張哲生（2019-06-21）｜那些年台北的「牛肉麵街」，你吃過幾條？城市學

LOCATION 

麵體　講究製麵人的工藝表現，依照麵條的型態可多達九種變化

牛肉　當地部分使用犛牛肉

湯頭　「一清、二白、三紅、四綠、五黃」的一清，就是講究湯頭澄澈

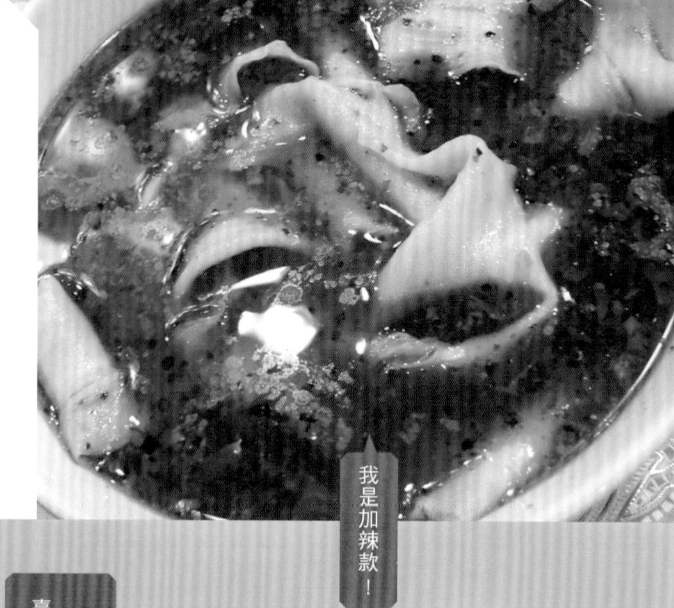

我是加辣款！

牛肉麵是臺北美食的代表。

LOCATION 

麵體　常見寬、細兩款

牛肉　講究牛肉品質，常見牛腱或牛腩，份量大

湯頭　臺灣分清燉與紅燒兩款，基本款味溫和，辣度多靠自行調整

# 各地牛肉麵比一比

LOCATION 馬來西亞

| | |
|---|---|
| 麵體 | 通常只有一款，不提供麵條選擇 |
| 牛肉 | 牛肉乾麵以牛絞肉表現；牛肉湯麵則有牛肉、牛肉丸、牛雜等 |
| 湯頭 | 熬煮牛骨、牛肉的清湯底 |

四川很多地方都吃得到牛肉麵喔！

LOCATION 四川

| | |
|---|---|
| 麵體 | 依照粗細，約有三、四款可供選擇，麵體以重量計，一般份量可選一兩或二兩 |
| 牛肉 | 多以牛肉邊角肉為主 |
| 湯頭 | 講究湯頭的香氣與層次表現，味香辣 |

圖為重慶牛肉麵。圖片提供｜吉利

ô á tsian

# 蚵仔煎

## Oyster Omelet

新馬

圖片提供｜陳福財

| NAME | 蠔煎 |
| --- | --- |
| FEATURE | 蠔歸蠔 煎歸煎 |

臺灣

| NAME | 蚵仔煎 |
| --- | --- |
| FEATURE | 粉漿情結 |

## 你以為蚵仔煎只是臺灣小吃嗎？

蚵仔煎不是臺灣限定，它很國際！
隨著移民者腳步，版圖也隨之擴展，不同地區有不同詮釋蚵仔煎的方式——
有的因移居而成「辣妹」，有的疑似因電視劇而變種。
蚵仔煎是了解華人跨域小吃的第一步。

### 廈門

| | |
|---|---|
| LOCATION | 中國福建 |
| NAME | 海蠣煎 |
| FEATURE | 用料扎實 |

### 漳州

| | |
|---|---|
| LOCATION | 中國福建 |
| NAME | 蚵煎 |
| FEATURE | 厚油酥炸版 |

### 潮汕

| | |
|---|---|
| LOCATION | 中國廣東 |
| NAME | 蠔烙 |
| FEATURE | 作法講究 |

# 從蚵仔煎看到臺灣人的粉漿情節

根據2007年《遠見》雜誌針對一千名臺灣民眾抽樣調查，結果發現蚵仔煎榮獲最能代表臺灣美食的小吃冠軍，臺灣只要有夜市的地方，就會有蚵仔煎攤。

無庸置疑，蚵仔煎的主角是蚵仔，不過臺灣可不一定，這在蚵仔煎國度裡是非常不可思議的事，蚵仔是可以被請下神主牌的。有人嫌蚵仔腥，蚵仔腥的因素很多，包括成本侷限了蚵仔品質、缺乏良好的保鮮機制、臺灣人對海鮮鮮度要求高等。卻又喜歡蚵仔煎粉漿口感跟醬汁，因此臺灣人可以接受「不要蚵仔只要煎」，偶爾會聽到有人點菜：「老闆，我的蚵仔煎不要蚵仔。」這有個獨特的稱法叫做「蛋煎」，因為少了蚵仔，就只剩下蛋、蔬菜跟粉漿而已，後來還衍生出蝦仁煎、花枝煎。

蚵仔煎裡粉漿以地瓜粉為主、太白粉為輔，早年的地瓜粉黏性足，現在的地瓜粉不夠純，還要摻太白粉增加黏性。多數臺灣人是有粉漿情結，舉凡粉條、麻糬、粉粿、地瓜圓、涼圓等，都是植物澱粉做成，而與其說愛吃粉漿，不如說喜

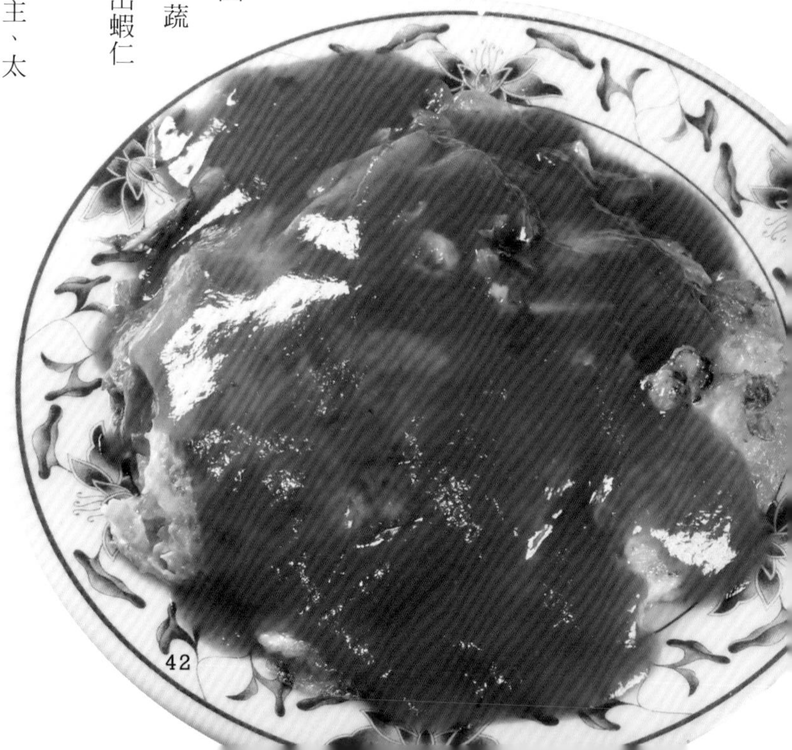

臺灣店家習慣把醬汁整個鋪蓋在蚵仔煎上。（圖為圓環頂蚵仔煎）

以蚵仔份量來看，臺灣蚵仔煎以粉漿為主，蚵仔為輔。

愛彈牙、柔軟、滑溜的口感，更有力的例子就是珍珠（粉圓），珍珠奶茶不只是臺灣手搖飲之王，還風靡了世界。

蚵仔煎很臺嗎？當我遊歷各地，尤其在閩南一帶與朋友聚餐時，餐桌上不約而同都出現蚵仔煎，但不是臺灣人所認知的蚵仔煎，蚵仔與粉漿比例都與臺灣不同，這些差異代表著人們對一道食物不同的解讀，進而影響了呈現的方式。

依照定義，蚵仔煎可以分為兩大派：菜式或小吃，還有一派既當菜也當小吃。潮汕、泉州、惠安、崇武、莆田等地把蚵仔煎視為菜式；臺灣、漳州、新馬等地把蚵仔煎視為小吃；廈門最特別，既當菜式也當小吃。

蚵仔煎的出現，除了人們的飲食習慣，也反映當地水域能大量孕育蚵仔。（圖為臺灣嘉義東石）

廈門傳統版海蠣煎不加蛋，直接在蚵仔上撒薄薄的地瓜粉下鍋油煎，蚵仔本身出水即成粉漿，彼此相互沾黏。

臺灣蚵仔煎多為短柄，廈門則手持長鐵鏟翻炒。

## 廈門人吃蚵仔煎要看時辰?!

廈門蚵仔煎不只是小吃也是家常菜，家常菜意味著與人們的關係更緊密。老廈門人會在蚵仔裡拌入隔餐的冷稀飯做蚵仔煎，冷稀飯取代太白粉黏著效果，還有種蓬鬆感，最好還要用龍海（屬漳州轄區，與廈門接壤）鴨蛋，清香不腥。

《廈門晚報》前總編輯朱家麟說：「我們家吃蚵仔煎是要看時辰的，元旦到農曆年間的蚵仔最肥美，當地也正值紫皮蒜、地瓜（製成地瓜粉）收成期，品質最新鮮，這些都是蚵仔煎不可或缺的要角，是一年裡吃蚵仔煎的最佳時間點。」蚵仔煎還是他的鄉愁：「我在日本想念海蠣煎（即蚵仔煎）時，只能用著名的廣島近江大蠔來煎，全然不解鄉愁。」[1] 蚵仔不是大就好，他只認家鄉那小卻香氣足的蚵仔。

傳統老廈門蚵仔煎是不加蛋的，既然中間少了粉妝，那麼素顏就要拿出真本事，蚵仔的鮮度跟數量得要了得才行。

1《廈門吃海記》（2016），P.108 | 朱家麟 | 鷺江出版社
2《愛上老廈門》（2011），P.192 | 高振碧 | 電子工業出版社

廈門餐館的作法，會直接在蚵仔上撒薄薄的地瓜粉（乾粉狀）下鍋油煎，蚵仔本身就會出水，不需要調水就會變成粉漿，遇上蚵仔跟蚵仔相互沾黏，就淋點油將其推疏開來，起鍋前撒入蒜苗珠，翻拌兩下再起鍋，雖外型不規則，但要「黏不成堆，散不見亂」[2]。我在福建廈門、惠安崇武、莆田等地的餐館相繼吃到蚵仔煎，外觀與口味都相近，蚵仔煎如影隨形地跟著我，說明了它的普及，也說明了它在當地被視為是上得了檯面的菜。

雖然如此，我在廈門還是吃到接近臺版——加入粉漿與蛋的蚵仔煎，街頭名店「蓮歡海蠣煎」可做為代表，這是怎麼回事呢？

廈門人後代、同時也是臺灣名廚柯俊年提供了一種解釋，2007年臺灣電視劇「轉角遇到愛」在中國大陸熱播，劇情裡出現了臺北市士林大頭龍蚵仔煎，影響了中國各地民眾對蚵仔煎的印象，認為「海蠣煎」得加粉漿加蛋才算正宗，演變成了在廈門街頭賣臺版蚵仔煎的現況。

廈門海蠣煎有可能受臺灣戲劇影響而調整作法。（圖為蓮歡海蠣煎）

## 到了大馬變辣妹

隨著中國華南移民在馬來西亞落地生根，尤其在福建移民聚集較多的地方，容易看見蚵仔煎的身影，結果蚵仔煎成了「辣妹」（咦？），當地蚵仔煎有兩大特色：一是煎、二是辣。

臺灣煎蚵仔煎，通常作法是在加熱的鐵板上倒下漿水，依序於即將成形的糊狀物中放入蚵仔、蛋，起鍋前撒上蔬菜，盛盤後淋醬上桌。然而馬來西亞的煎法很特別——蚵歸蚵、煎歸煎。

我第一次站在攤子前面看，只見老闆把一勺白色粉漿倒在鐵板上翻

馬來西亞南部馬六甲的文龍美食坊蠔煎，整晚師傅手都沒停過，不停地煎蠔。

我在馬來西亞檳城福建菜餐館也吃過蠔煎，吃起來比較像蚵蛋。（圖為福泉香飯店）

炒，之後加蛋再翻炒，最後變成一坨蛋煎，心想結束了嗎？蚵仔呢？只見老闆又取了一勺蚵仔跟辣椒單獨炒，炒至入味後，再把剛剛的蛋煎起鍋擺盤，上面再鋪滿一顆顆炒

「辣」是馬來西亞蚵仔煎很重要的辨識重點，不僅炒進蚵仔裡，上桌時還會奉上辣椒醬碟。圖片提供｜陳福財

好的辣味蚵仔，不同於其他地區以地瓜粉作為蚵仔的黏合劑，檳城是兩者各自分開處理，最後再合體。

而「辣」也是馬來西亞蚵仔煎很重要的辨識重點，除了把辣椒醬炒進蚵仔裡，上桌時還會奉上辣椒醬碟，老一輩人的吃法，辣椒醬不拿來沾，而是全倒在蚵仔煎上，辣上加辣。許多中式小吃到了馬來西亞都變「辣妹」，與當地氣候炎熱，吃辣助於排汗有關，也或者受到友族馬來人嗜辣的飲食習慣影響，讓蚵仔煎很火辣。整體來說，馬來西亞蚵仔煎的用料多、炒功足、價格美，稱得上餐館品質、小吃價格。此法反映了當地華人殷實與重視傳統，不太受到商業因素而改變作法。

## 潮汕蠔烙是另類蚵仔煎

在潮汕，蚵仔煎是一道餐桌菜，菜式是有所講究的，當地稱之為「蠔烙」，其專賣店可追溯到晚清，1854年在汕頭埠開業的漳潮會館就提供蠔烙[3]。「蠔」是蚵仔，「烙」近似煎，並指以水和澱粉攪拌後用煎烙的技法作成的餅狀物，粉漿不能黏鍋，要能輕晃鍋底繞圈，將餅皮煎成金黃色後翻面，形成一個外酥內軟的圓餅外觀。除了蠔烙，常見的還有青瓜烙、豆腐魚烙等，在臺北的香港醉紅樓潮州菜館吃得到蠔仔烙、神旺飯店潮品集有水瓜煎餅（絲瓜烙）。

潮汕蚵仔煎從形體跟口味都很講究，一、要烙得夠圓，成色要一致，不可有焦有白。二、要控制火候，不能吃油，吃起來要爽口。三、放蚵仔的數量不能小氣，最好每一口都能吃到新鮮蚵仔。四、粉漿吃起來要達到外香脆、內彈牙的口感。上桌前還要撒上香菜，讓蠔烙的熱氣逼出香菜的清香來，可增加賣相也可去膩。如果真要把它也歸類為蚵仔煎的話，那就完全兩個世界的事，價格也相差五至十倍。

3《潮汕味道》(2012)，P.8｜張新民｜中山大學出版社

## 如影隨形的福建蚵仔煎

### 莆田蚵仔煎

海蠣煎強調黏不成推，散不見亂。
（圖為仙遊郊尾鎮郊園餐廳）

### 泉州蚵仔煎

蚵小而鮮，蛋香迷人，帶點農家的純樸感。（圖為惠安崇武好味來海鮮）

### 廈門蚵仔煎

蚵仔個頭大小接近一致，蚵仔肥嫩乾淨、沒有雜味，地瓜粉只用來黏合蚵仔與蚵仔，既不干擾蚵仔的鮮甜，又能調和口感爽滑，蒜苗清香點綴其間，是我目前吃過最好吃的蚵仔煎。
（圖為黑明餐廳）

## 廈門海蠣煎

### 辣醬

海蠣煎會提供辣醬，不過不是另給一碟也非淋在海蠣煎身上，而是放在盤子一角。辣醬偏鹹、微辣，最有名的是用廈門辣醬，味道近似臺灣BB辣醬；事實上BB辣醬最早就源自廈門。

## 潮汕蠔烙

### 魚露

（辣椒醬、胡椒粉）

蠔烙必附上魚露。魚露是潮汕菜色中常用的調味料，色澤呈琥珀色，是以魚蝦醃漬、發酵、熬製之後的汁液。蠔烙本身就已經有調味，之所以附上魚露醬碟，乃飲食習慣所致，總覺得少了魚露就少一味似的，也有店家提供辣椒醬與胡椒粉。

## 漳州海蠣煎

### 糖醋白蘿蔔、辣椒汁

漳州海蠣煎的配料很有特色，加入當地人稱「菜頭酸」，也就是醃白蘿蔔絲，吃起來酸甜爽口，還配上調配的辣椒汁，解膩開胃。

# 蚵仔煎醬汁是特色

## 臺灣蚵仔煎

### 醬油膏&甜辣醬

臺灣的醬汁最多樣，有醬油膏、甜辣醬、番茄醬、海山醬，有的是把味噌、番茄醬與辣椒醬調成一醬，還有店家會撒花生粉跟淋肉燥。只有臺灣會把醬汁直接淋在蚵仔煎上面，醬汁成了要角，有些人挑選蚵仔煎店家的標準是挑醬而非挑蚵仔。

## 馬來西亞蠔煎

### 辣椒醬

蠔煎會直接加入辣椒醬炒，有的炒時雖不加辣椒醬，但上桌時必會附上辣椒醬碟，而且是每人一碟。老一輩的人吃法是把碟子裡的辣椒醬倒到蠔煎上，年輕人則是沾著吃。

# 蚵仔煎大觀

LOCATION 
廈門

NAME 海蠣煎

FEATURE **用料扎實**

海蠣煎是桌菜的一種，單用地瓜乾粉烹調，蚵仔外幾乎無配料，用料扎實，起鍋前撒入蒜苗珠，翻拌兩下再起鍋，雖呈不規則狀但要「黏不成堆，散不見亂」，泉州、惠安崇武、莆田皆屬於此類。

想吃我，要把握黃金時間點！

LOCATION 潮汕

NAME 蠔烙

FEATURE **做法講究**

蠔烙要烙得圓如滿月，成色要一致，不可有焦有白，不能吃油，吃起來要爽口，最好每一口都能吃到鮮蚵，粉漿外香脆、內彈牙。

我好看又好吃，嚐過的人都說讚！

LOCATION 臺灣

NAME 蚵仔煎

FEATURE **粉漿情結**

臺灣粉漿用量最多，吃起來半稠半固態的粉漿為其重點，臺灣加入的配菜量最多、蚵仔數量最少。常見配菜有：小白菜、A菜、空心菜、豆芽菜等不同蔬菜。

LOCATION 馬來西亞

NAME 蠔煎

FEATURE **蠔歸蠔、煎歸煎**

先下粉漿再下蛋，將兩者翻來覆去煎得成形後，再另起一鍋，單放蚵仔與辣椒醬拌炒，炒得入味後就把「蛋煎」起鍋，最後綴上一顆顆炒好的辣味蚵仔，「蠔」跟「煎」各自分開。

我無辣不歡！

我是蚵仔天婦羅！

LOCATION 漳州

NAME 蚵煎

FEATURE **厚油酥炸版**

有人說那厚厚的粉漿是地瓜粉加米漿、有人說加麵糊，無論是米漿還是麵糊，就一定不只地瓜粉一種。雖然也吃得到蒜苗與蚵仔，但相對來說，粉漿反而像主角，口感酥脆有彈性。

廈門

| | |
|---|---|
| LOCATION | 中國福建 |
| NAME | 麵線、麵線糊 |
| FEATURE | 大骨湯底 多樣選配 |

mī suànn kôo

# 麵線糊

# Vermicelli Soup

臺灣北部

| | |
|---|---|
| NAME | 大腸蚵仔麵線 |
| FEATURE | 柴魚湯頭 腸蚵同在 |

鹿港

| | |
|---|---|
| LOCATION | 臺灣彰化 |
| NAME | 麵線糊 |
| FEATURE | 名氣響亮 添加肉羹 |

北港

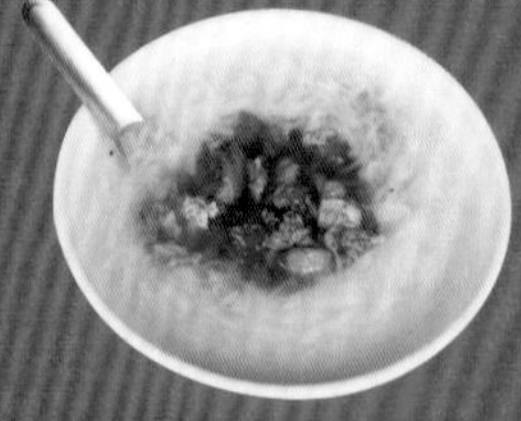

| | |
|---|---|
| LOCATION | 臺灣雲林 |
| NAME | 麵線糊 |
| FEATURE | 白派代表 熱沖生蛋 |

## 詩巫

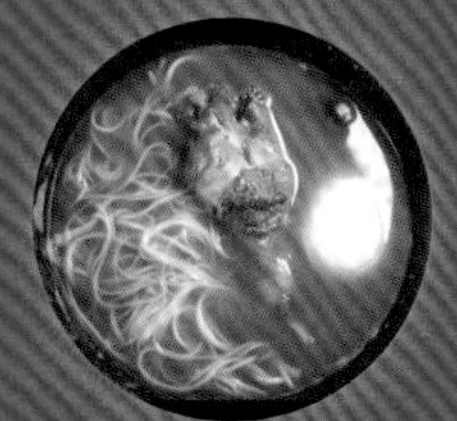

| | |
|---|---|
| LOCATION | 馬來西亞砂拉越 |
| NAME | 紅酒雞湯麵線 |
| FEATURE | 福州滋味 營養滿滿 |

## 馬祖

| | |
|---|---|
| LOCATION | 臺灣連江縣 |
| NAME | 酒蛋麵線 |
| FEATURE | 產後必吃 老酒添香 |

## 莆田

| | |
|---|---|
| LOCATION | 中國福建 |
| NAME | 媽祖壽麵 |
| FEATURE | 特長版本 乾拌油香 |

# 勾勾纏了多少地方？

北部有大腸蚵仔麵線、南部有蚵仔麵線，一糊派、一清派，兩者都能在閩南找到蹤跡；
鹿港麵線糊又與泉州麵線糊的稱法一致，
我們從麵線的線索裡，能發現臺灣與原鄉剪不斷理還亂的勾勾纏關聯。

## 漳州

攝影｜魏田英

| | |
|---|---|
| LOCATION | 中國福建 |
| NAME | 蠔仔麵線 |
| FEATURE | 清水湯底 蠔仔清甜 |

## 泉州

| | |
|---|---|
| LOCATION | 中國福建 |
| NAME | 麵線糊 |
| FEATURE | 麵線空靈 湯頭清鮮 |

## 臺灣南部

| | |
|---|---|
| NAME | 當歸鴨麵線 |
| FEATURE | 藥膳湯頭 鴨肉為料 |

## 麵線糊分清派與糊派

臺灣的飲食版圖裡從來就少不了麵線，而且與其他傳統小吃相較，麵線看似老派，其實頗能與現代接軌，臉書上有一個名為「蚵仔麵線神教」的粉絲團，累積了8.6萬名教徒[1]，還以台語發音的英文縮寫「OAMS」作為代表，市場上的口味也不斷推陳出新，算得上是一個與時俱進的小吃。

提到稱法，臺灣各地麵線多稱「麵線」，但在雲林北港、彰化鹿港一帶稱為「麵線糊」，多了一個「糊（kôo）」字，大致界定了臺灣麵線的分野，以湯頭分為「糊派」與「清派」。

雖然都稱為麵線糊，但雲林北港、彰化鹿港兩地麵體不同。雲林北港一帶盛行吃白麵線糊，當地老店「老等」就是白派代表，故以三

1 「蚵仔麵線神教」粉絲人數 8.6 萬人，計算至 2021 年 5 月止，
網址：https://www.facebook.com/groups/2042590339302931

臺南常見當歸鴨麵線，屬於清派。（圖為三好一公道）

次文火熬煮，使麵線吸水體積脹大並且釋出澱粉使湯汁變糊。把白麵線加熱使其褐變就成了紅麵線，蛋白質變性後得到耐煮不爛的特性，很受商家歡迎，多數店家都是紅派，彰化鹿港亦是代表之一，只是經過久煮，麵線不至於糊爛卻也難以釋出澱粉，就須另加澱粉類（如地瓜粉、太白粉等）勾芡以製造糊度。

## 泉州麵線糊重在「糊」

雲林北港、彰化鹿港兩地，在明、清時期就有許多泉州人往來或落腳，我按照這個線索赴往泉州，想一探麵線糊身世真相。果真讓我找著了，而且還是獲頒「泉州市非物質文化遺產——泉州麵線糊製作技藝代表性傳承人」的水門國仔飲食店，只不過前往店家的途中，泉州朋友直說這家店的豬血湯比麵線糊好吃，前前後後說了超過五次，我就暗暗覺得不妙。

在雲林北港、彰化鹿港一帶稱其為「麵線糊」。（圖為彰化鹿港王罔麵線糊）

當麵線糊一上桌，果然超乎我的想像，童年有個猜謎遊戲：「千根線、萬根線，落到水裡看不見。」謎底是雨，也可以對照在泉州麵線糊上，白麵線若有似無、飄渺難尋，這麵線活得相當空靈。悶頭思索：「麵線是常民食材，怎會如此偷工減料？大概是用來騙觀光客的吧！」為了支持朋友的推薦，加點一碗豬血湯，果然比麵線糊好吃，這才稍稍療癒我內心的失落。

不肯接受事實的我，到了泉州惠安再造訪另一家麵線糊，自此之後就明白了——以麵線糊來說，臺灣人重視「麵線」，而泉州人重視「糊」，感受地瓜粉所要呈現的口感。

泉州麵線糊在喝湯頭的鮮——以螃蟹、蝦、巴浪魚乾等海鮮熬製湯底，再以紗布過濾、加入調味料，使湯頭清鮮、湯色透亮。麵線剪小段入鍋，再以地瓜粉勾芡，直到變成糊稠狀。盛碗後再滴上數滴自家調配藥酒，那藥酒真是畫龍點睛，讓麵線糊一下脫胎換骨，香氣層次都大大加分，至此我才明白泉州麵線糊所要傳達的精神。

泉州朋友告訴我，「麵線糊是窮人食物，過年或宴客用正麵線，宴客完留在甕底的麵線屑，才是自家人吃的，但是光麵線屑沒法煮成一碗，於是加了地瓜粉讓它團結，看似一大碗，其實是虛的。」泉州浮橋鎮一帶還有道小吃叫「麵線米粉芡」，「把米粉屑、麵線屑一起煮，當地種很多甘蔗，沒味精就用甘蔗當作鍋勺，既可攪拌又能讓湯帶點甜。」這更遠超泉州麵線糊的境界了，貧窮從不是限制我們的想像，而是激發了我們的想像。

以麵線糊來說，泉州人重視「糊」，感受地瓜粉所要呈現的口感。（圖為水門國仔飲食店）

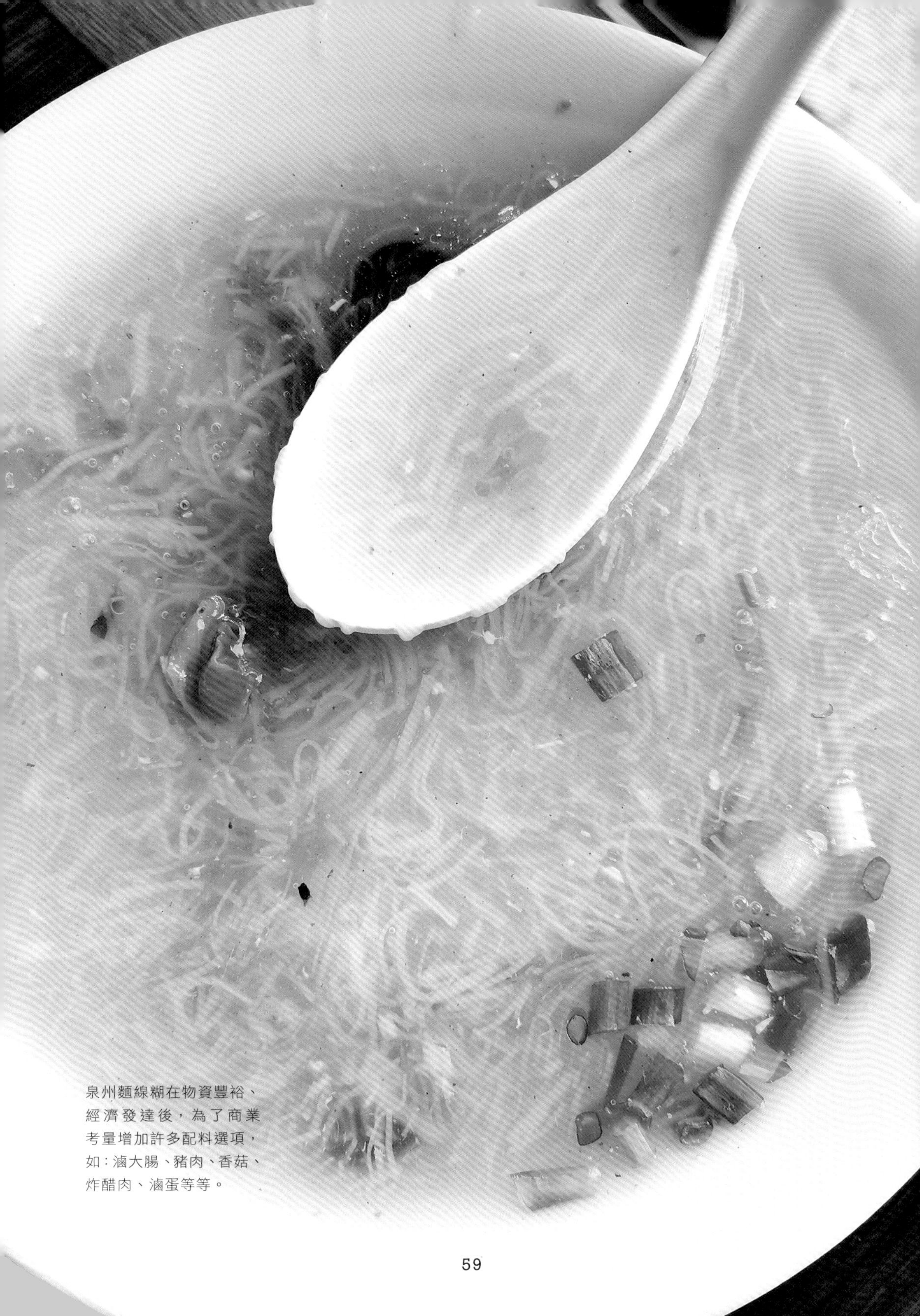

泉州麵線糊在物資豐裕、經濟發達後，為了商業考量增加許多配料選項，如：滷大腸、豬肉、香菇、炸醋肉、滷蛋等等。

（左）澎湖茂盛手作麵線。（右）澎湖漁夫才哥八字繞法，使麵條本身產生自捲效果。

## 臺灣麵線，不同地區配料相異

對於泉州人詮釋麵線的方式，福州人的看法可就不同了，福州人納悶：「麵線扯得那麼細長，下鍋煮前把它切得寸斷，不就可惜了那個工夫嗎？」確實如此，麵線製作工藝並不容易，臺灣在日治時期初期仍向清國進口麵線，後因課重稅，使得售價變高，本島人才興起自製麵線[2、3]，由此可知，麵線非源自臺灣，甚至麵線製作技術也是近百年才開始的事。

臺灣麵線上的配料如同郵戳般成為一地的印記，如：基隆有魚羹麵線、澎湖有小管麵線、臺南有當歸鴨麵線、馬祖有酒蛋麵線、臺北有大腸蚵仔麵線等。現代版麵線十分浮誇，鋪蓋鮮蝦、蚵仔、小卷，多到溢滿方休，走上華麗之路。

然而對老派的我來說，獨愛回歸本質的乾拌麵線。我去過澎湖一家名為「漁夫才哥」的純手工麵線廠，夜裡兩點多就要起床做麵，為什麼非要半夜摸黑製麵不可？這做好的麵線才趕得上一早見天光，確保充足的日曬時間。其「八字繞法」能使麵條本身自捲，比同長度麵條的表面積大，麵條的緊實度高，拋甩成細絲時不易斷裂，水分也不易

2 1907-10-25 ｜雜報／特別輸入之影響（二）03 版。《台灣日日新報》
由清國輸入本島之麵線。有豆製、米製、麥製三種。……於一個月中，麥麵線曾有十萬斤以上之輸入，今僅有二十斤，稅率之於貿易上，其關係可為至大矣。

快速進入麵芯，也就能保有久煮不爛特質。

不光是工夫，這年頭還有人願意在半夜兩點起床，尤其在冬天海風特強特冷的澎湖，只為了做出好吃的麵線，光這點就值得跪著吃完。

燙好的白麵線保留彈性與原有質地，澆上豬油、一瓢蒜泥，不撒鹽，麵線難纏，鹽會來不及化，餵點鹽水再一小匙味精，趁熱拌開，撲了整臉麵香與蒜香，取下被熱氣覆蓋得霧花花的眼鏡，一呼一吸間便能吃完，望著碗底留下的麵線屑，用筷尖把一條條挪到碗邊口上，直到吃個精光，這是我向以太陽、海風借力的麵線製作者致敬的方式。

澎湖西嶼和興製麵廠為求充分日曬，把麵線抬到屋頂上曬，人必須練就「飛簷」功力。

3 1910-02-17 ｜實業彙載／麵類前途 03 版。《台灣日日新報》
本島人所需用之麵類。其種甚多。現即米粉、麵線、大麵、冬粉、豆簽之五種。……然米粉及麵線前多由對岸輸入。後因關稅之關係，多係本島自製。

我在漳州吃到的蚵仔麵線，跟我小時候在臺南吃到的口味一樣，這是清派。漳州人有在元宵節吃蚵仔麵線的習俗，強調麵線不能寸斷。圖片提供｜曾智超

## 清派

我幼時居住臺南，從不知糊派的存在，我家鄉的蚵仔麵線是白麵線，一顆顆清甜肥美的蚵仔，湯頭稠但不至於到糊的狀態。直到負笈臺北求學才第一次見識到糊派麵線，驚訝湯頭裡竟然加柴魚?!為什麼明明寫著「蚵仔麵線」，裏頭卻摻豬大腸，這不是廣告不實嗎？這才知道原來北部麵線完全是另一個世界，住了幾十年倒也慢慢接受了。

我想如果泉州是麵線糊的原鄉，那麼清派與糊派的蚵仔麵線歸屬又在何處？我在行走漳州途中，發現了一些蛛絲馬跡——在漳州，不僅兩款都吃得到，甚至還一樣可以自行加香菜呢。

兩位漳州婦女向我分享了家庭版蚵仔麵線作法，八十歲的吳如珊的蚵仔麵線配料、作法，正好與我幼時在臺南所吃的清派相同，還強調「高湯不可用大骨，才不會壞了蚵仔的清鮮。[4]」

4 吳如珊（漳州人，1942 年生）提供蚵仔麵線作法：1. 水滾後放麵線。2. 蚵仔拌地瓜粉放入鍋中。3. 麵線本身就有鹹度，放少許鹽調味，煮滾後，撒芹菜珠、油蔥、蒜苗即可。

File | VERMICELLI SOUP

## 你是糊派還是清派？

糊派

漳州也吃得到臺灣北部的蚵仔大腸麵線。不同的是，漳州還會放油條與豬血。
攝影｜魏田英

### 糊派

臺灣麵線以市占率來說，我想糊派是佔了上風。糊派讓麵線既非嚼也非飲，而是以抿直吞入口，因此老幼咸宜，是獨特的食用方式。糊派還有種相當生動的吃法，在免洗碗尚未問世的年代，麵線外帶通常只以塑膠袋盛裝，人們為了省事省時，會利用它流動緩慢的特性，拉住塑膠袋的兩對角，仰頭讓麵線直接滑入口中，這需要一點技巧才不致弄得麵流滿面，也要控制速度才不會燙口，眼睛直視著蚵仔排隊似地入口，有種小鋼彈不斷入閘的興奮感，這種詭異的吃麵線方式顯得刺激有趣又好吃。

在漳州另一位七十五歲的魏田英，從未到過臺灣，她的蚵仔麵線配料裡放了滷大腸和蚵仔，還強調「有滷大腸才香。[5]」由此可見，大腸與蚵仔的結合從不是偶然，而是漳州傳統吃法或是不可思議的巧合。

5 魏田英（漳州人，1947 年生）提供大腸蚵仔麵線作法：1. 油蔥炒香。2. 加水，放入切碎的滷大腸與鴨血使其出味。3. 放入麵線煮軟。4. 放入抓過地瓜粉的瘦肉和蚵仔。5. 湯頭以地瓜粉勾芡。6. 放鹽、味精、胡椒粉調味。7. 上桌前放入香菜與油條塊。

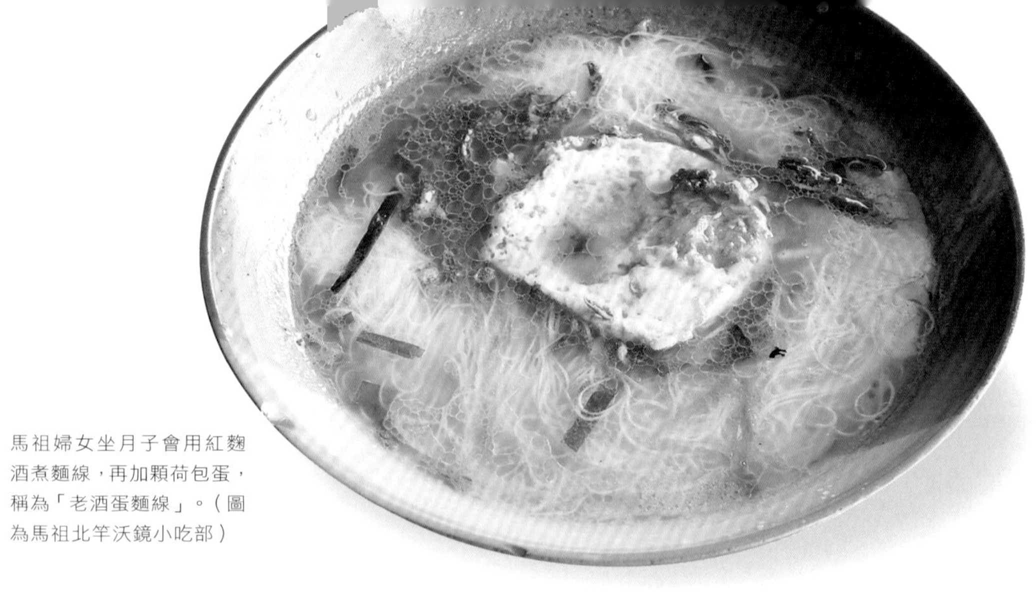

馬祖婦女坐月子會用紅麴酒煮麵線，再加顆荷包蛋，稱為「老酒蛋麵線」。（圖為馬祖北竿沃鏡小吃部）

## 神力麵線
## 包辦生命大小事

如果只把麵線跟米粉、麵條歸成主食，那就太低估麵線的本事了，我認為麵線從來就不只是麵線，它超越食物的身份而跟人生重大事件緊緊相依。福州人跟莆田人生日時會吃壽麵，麵線不能替代壽麵，壽麵是麵線的加長版，長還要更長，煮時要小心不能斷，才能延年益壽。

### 坐月子吃麵線

坐月子要吃麵線，澎湖婦女坐月子時會用麻油紅糖煮麵線，再加顆荷包蛋，稱為「煎熱」；馬祖婦女

澎湖婦女坐月子時會用麻油紅糖煮麵線，再加顆荷包蛋，稱為「煎熱」。

莆田人生日時會吃媽祖壽麵，壽麵是麵線的加長版，長還要更長，煮時要小心不能斷，才能延年益壽。

## 麵線長等於壽命長

福建莆田媽祖壽麵，會加上烘焙過的紫菜、花生、金針、蛋，拌花生油、烏醋與醬油，重點是麵線盡量不要斷6。

坐月子會用紅麴酒煮麵線，再加顆荷包蛋，稱為「老酒蛋麵線」，可以照三餐吃。嬰孩要吃麵線，剪成寸段跟蛋花煮成副食品。神明也要吃麵線，要把麵線綁上紅紙，才能作為祭祀用的供品。

### 去霉運吃麵線

去霉運時要吃豬腳麵線踢走壞運氣。臺中萬和宮附近有家「南屯豬腳」，很多人拜拜完會順道去吃碗豬腳麵線轉運再離開，成了套裝行程。一次，我朋友運勢欠佳，驅車到南屯豬腳吃麵線，沒想到巧遇朋友，兩位衰友互訴衰事，一同吃起轉運麵線，吃麵線還有個不成文的儀式——豬腳麵線的碗需以手挪移，原地打轉一圈以示轉運完成，之後才能動筷。

為什麼吃麵線被認為能逢凶化吉、延年益壽？臺灣歷史學家林衡道提供了一種可能，人類相信食物可以以形補形，世界上很多民族都相信吃了長的東西能得到長壽，吃了圓的東西就能得到圓滿，英國社會人類學家愛德華·伯內特·泰勒爵士（Sir Edward Burnett Tylor）稱此種現象為「類似咒術」7，你認為呢？

6 傳統放雞蛋或鴨蛋，現代改以鵪鶉蛋取代。

7《戀戀台灣風情：走過日治時期的這些人那些事》（2014），P.126 ｜林衡道口述、邱秀堂撰文｜賽尚圖文旅程中，我為各門派麵線找到了相應的城市：鹿港與北港對應到泉州、臺灣南北部對應到漳州、馬祖對應到馬來西亞詩巫，彷彿自己是紅娘，牽起麵線友誼的橋樑。

## 配料對對碰

清派

**LOCATION** 臺灣南部

**NAME** 蚵仔麵線

| 配搭 | 無特定 |
|---|---|
| 麵體 | 白麵線 |
| 湯底 | 清水 |
| 配料 | 蚵仔、芹菜珠 |

**LOCATION** 漳州

**NAME** 蚵仔麵線

| 配搭 | 無特定 |
|---|---|
| 麵體 | 白麵線 |
| 湯底 | 清水 |
| 配料 | 蚵仔、豬血、油條塊 |

## 籍貫對對碰

清派

**LOCATION** 馬祖

**NAME** 老酒麵線

| 配搭 | 無特定 |
|---|---|
| 麵體 | 白麵線 |
| 湯底 | 大骨湯 |
| 配料 | 荷包蛋，添加馬祖老酒 |

**LOCATION** 馬來西亞詩巫

**NAME** 紅酒雞湯麵線

| 配搭 | 無特定 |
|---|---|
| 麵體 | 白麵線 |
| 湯底 | 大骨湯 |
| 配料 | 水煮蛋、雞肉、香菇，添加紅糟與紅麴酒 |

註：兩地均為福州移民落地生根，福州亦有紅麴酒麵線，當地人多在家中吃，坊間少見販售。

# 麵線糊對對碰

## 食物名稱對對碰

糊派

| LOCATION | 鹿港、北港 |
|---|---|
| NAME | 麵線糊 |
| 配搭 | 北港麵線配油飯、鹿港無 |
| 麵體 | 北港白麵線、鹿港紅麵線 |
| 湯底 | 鹿港一大骨蝦米、北港一大骨 |
| 配料 | 鹿港放肉羹、北港沖生雞蛋 |

| LOCATION | 泉州 |
|---|---|
| NAME | 麵線糊 |
| 配搭 | 麵線配油條 |
| 麵體 | 白麵線 |
| 湯底 | 螃蟹、蝦、巴浪魚乾等海味 |
| 配料 | 傳統無，現提供滷大腸、豬肉、香菇、炸醋肉、滷蛋等選配 |

## 配料對對碰

糊派

| LOCATION | 臺灣北部 |
|---|---|
| NAME | 蚵仔大腸麵線 |
| 配搭 | 麵線配臭豆腐 |
| 麵體 | 紅麵線為多 |
| 湯底 | 大骨、柴魚湯底 |
| 配料 | 蚵仔、大腸為主 |

| LOCATION | 漳州 |
|---|---|
| NAME | 蚵仔大腸麵線 |
| 配搭 | 麵線配油條 |
| 麵體 | 白麵線 |
| 湯底 | 清水 |
| 配料 | 蚵仔、大腸、鴨血（或豬血） |

攝影—魏田英

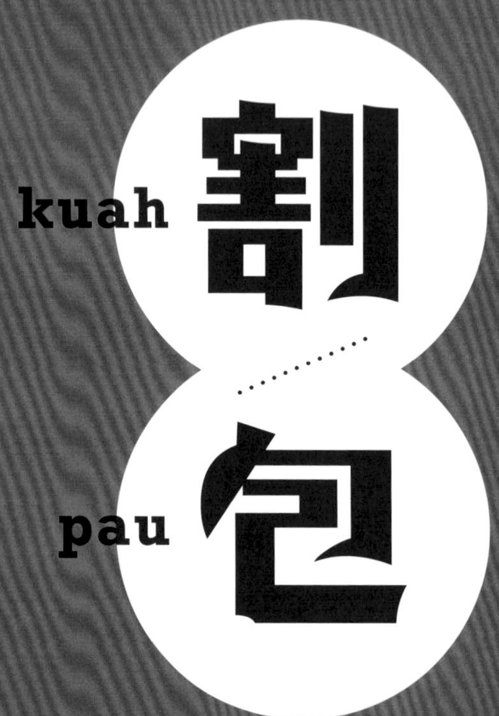


Gua
Bao

## 有想過「割」的意義嗎？

割包不只臺灣有，泉州人稱為虎咬獅，兩者風味還九成八相近。
割包是少數被年輕人翻新重現的食物，而且揚名海外，
你覺得割包能說明臺味嗎？

**泉州**

| | |
|---|---|
| LOCATION | 中國福建 |
| NAME | 肉夾包、虎咬獅 |
| FEATURE | 喜喪必備 傳統禮俗 |

**臺灣**

| | |
|---|---|
| NAME | 割包、虎咬豬 |
| FEATURE | 尾牙必備 咬住錢財 |

## 在惠安遇上了割包

許多臺灣割包專賣店一提到割包由來，多說是福州人傳授的[1]；不過或許是我在福州停留的時間太短，在福州坊間常見光餅夾肉，卻未見割包夾肉；翻閱許多中國大陸飲食書籍、報章資料，指向割包是泉州名小吃[2]，於是我一到泉州便急著找割包店，結果遍尋不著。我想泉州市都市化成熟，較難保留傳統食物原貌，於是當輾轉到了惠安，心想惠安畢竟是泉州底下的縣城，或許有機會與割包相遇。

我對惠安朋友說想吃割包時，他們聽不懂，我改說：「就是一塊麵餅皮夾著一塊肥肉那個。」手掌的虎口一張一合那樣演一下，他們馬上就懂了，稱這為「肉夾包」或「虎咬獅」，「有是有，但外頭沒人賣。」這我就不懂了，又不是毒品，什麼叫有而外頭沒人賣，沒人賣怎麼吃呢？

一群當地大叔一邊泡茶、猛抽菸，彷若陷入沈思，煙霧彌漫，泉州話我只聽得懂五成，惠安話口音更重，大概只剩三成。他們打了幾個電話後起身出發，我隨著他們一起上了餐館，當看到桌上的菜後，這下我也懂了。

原來割包不是尋常食物，通常由「有需要的人」向麵餅舖提前下

臺灣有割包專賣店，取得方便。

1《正港台灣味》（2005），P.172 ｜楊惠卿｜上旗文化

## 臺灣與惠安

惠安跟臺灣關聯是密切的，我想到艋舺龍山寺。泉州底下的惠安、南安、晉江三縣合稱三邑，清治時期，從中國大陸移民到臺灣的人口中，以泉、漳居多，而泉州裡又以三邑人數最多，也就是說臺灣人裡有很多惠安移民後代，只是可能自己並不知道。

臺灣在1853年發生一場泉州人打泉州人的械鬥，史上稱為「頂下郊拚」。當時居住在靠近萬華淡水河岸的泉州三邑人與古稱八甲庄的泉州同安人，雙方因碼頭泊船權益等問題起衝突。

最後三邑人打跑同安人，同安人敗逃至大稻埕，落腳定居，並在大稻埕建立了自己的信仰中心，也就是大稻埕的霞海城隍廟；而三邑人的信仰中心則是艋舺的龍山寺。

惠安人吃割包也夾酸菜和五花肉。

惠安割包的手工麵餅真是好吃極了！

訂，店家才把麵餅（當地稱五葉餅）送到住家、餐館等指定的地方。誰是「有需要的人」？當地大叔說：「惠安人嫁女兒吃肉夾包、娶媳婦吃八寶飯。」也就是只有在喜喪時才吃割包，難怪外頭平時吃不到。

惠安割包留有粗獷原型，從麵餅

2 石偉琴（2013-10-12）｜泉州美食肉夾包製作工藝傳統婚宴必備麵點。《泉州晚報》

來看，約手掌大小，前短後長、牙床寬大，不管是當地人說的虎咬獅還是臺灣說的虎咬豬，總之有老虎之姿！惠安人的麵餅內側抹上了五香粉[3]，可能等同臺灣人撒花生粉，增加香氣的作用。啊！那手工老麵麵餅真是好吃死了，夾什麼都好吃，當地人吃割包也夾切片五花肉跟酸菜，但不撒花生粉。

那哪裡來的五花肉、酸菜？有的是餐館準備、有的是麵餅舖準備，在家的話就自己準備。我們去的是家海鮮餐廳，不明白臨時下訂，怎麼就能弄到割包，還能準時送到餐館，還能生出滷好的五花肉跟酸菜?!直到離開惠安我都沒能清楚，唯一知道的是，世間處處需要有力人士啊。（警語：吸菸有礙健康）

**割包還可能影響了江浙菜裡東坡肉的發展，臺北天香樓行政主廚楊光宗說：「傳統江浙餐廳裡，東坡肉一直都是配白飯，臺灣近30、40年才開始有店家推出東坡肉夾荷葉餅吃，有可能是受割包影響。」**

3 泉州有的肉夾包，除了五香粉還會抹蔥油。

## 割跟夾的差異

割包在中國大陸被稱為「肉夾包」或「肉夾饃」，用的動詞是「夾」；臺灣則使用的標準字是「割包（俗稱「刈包、掛包」）」，用的動詞是「割」。同一食物有兩種稱法，而各自使用了不同的動詞，割跟夾有什麼差別嗎？

在《吃一場有趣的宋朝飯局》裡提到，饃饃在宋朝是重要供品，祭祀完畢不能吃，得讓親戚帶走。帶走前，主人得把這些饃饃一個個掰開，夾一片切得很薄的熟肉，稱之為「夾包饃」。這代表割包之類的食物，可能至少在宋朝就已經有了。書中並提到，「陝西人並認為饃饃不掰開屬於供品，歸死者享用；掰開後是食品，才能給活人吃，而且吃了還能帶來好運氣。」

如果這個說法成立的話，我們或許可以說「割」比起「夾」更延續了傳統裡重要的關鍵——割代表了供品與食品、活人與死人的界線。臺版稱法也說明了這麵餅本是完整的，需要用刀割開或以手掰開，媒體曾刊載：「本省的一種點心，叫做刈包。這是把一種特製的扇形包子剖開，夾進豬肉、香菜、鹹菜、花生粉等物。」[4]現代版割包已是開口狀，無法體現「割」的意義，而使得焦點偏到餡料上了。

夾

4 維揚（1966-10-06）｜刈包。《中國時報》

## 割包走向現代風

割包由五大元素組成，餅皮、五花滷肉、酸菜、花生粉、香菜，其中最重要的莫過於五花肉，豬肉要新鮮、還要滷得香透；酸菜要洗乾淨，沒有砂石顆粒，還要醃得酸味自然。

五花肉得以客製化，選項多樣贏得民心。2019、2020年連續兩年獲得「臺北米其林指南」必比登推介的藍家割包，把內餡分為肥肉、瘦肉、半肥半瘦、綜合偏瘦、綜合偏肥五種選項，讓想解饞又擔心熱量的人可以選瘦肉，讓愛豐腴口感的人可以選肥肉，全盛時期一天可以賣上兩、三千個，成為臺北公館的地標。

一甲子餐飲割包提供焢肉飯等級的五花肉，店家原有的焢肉飯就十分受歡迎，五花肉豐腴肥美、滷汁鹹甜恰好，白胖割包夾住了滷得油

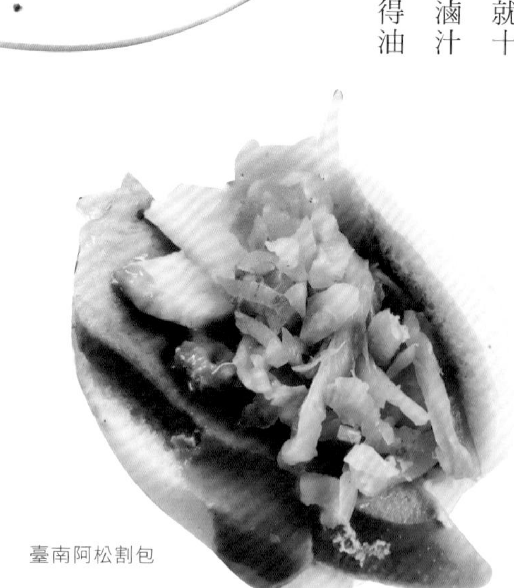

臺南阿松割包

臺北藍家刈包

亮的焢肉，帶給人療癒的愉悅，無怪乎贏得了「總是在排隊」的傳奇稱號，它並且還獲得2020年「臺北臺中米其林指南」必比登推介。

一甲子店面正好在轉角，人龍便隨騎樓呈人字形排列，一邊排外帶、一邊排內用，如果你不排斥排隊與坐在騎樓，不妨試試現場品嚐。另有一家不夾五花肉的特例，那就是臺南阿松割包店，夾豬舌跟煮過的豬瘦肉、撒醃白蘿蔔跟酸菜，風味獨樹一格。

一甲子刈包

割包雖是方便外帶外食，但包法的程序也很重要，有細心的店家為了減少滷汁滲入餅皮，而使得餅皮滲得濕糊，會先鋪一層花生粉墊底，擺上豬肉跟酸菜後，上頭再撒花生粉，作為防水層，但也要注意花生粉的比例，避免喧賓奪主。然而即使如此，滷肉悶在餅皮中，餅皮受潮在所難免，花生粉也就變成花生醬了，口感變得濕軟，因此我支持割包現吃最好。

自此，近年臺灣坊間出現文青割包店，口味不再受限於五花肉、香菜與花生粉一味，麵餅成為一個載體，像披著割包外皮的漢堡，有如香滷豬舌、抹茶冰淇淋、櫻花蝦起司薯條、辣椒醬炒麵等創意口味，我想這已經脫離小吃範圍，而成為一種都會輕食的概念，產生出不同的詮釋方式，不知道這樣是離割包本人越來越近，還是越來越遠了呢？

臺灣開始出現越來越多的文青割包店，推出各種創意口味。

## 臺灣「漢堡」

臺灣「漢堡」跟「臺灣」漢堡，同樣的四個字，但引號放的位置不同，代表著各自著重的焦點不同。

1984年臺灣第一家麥當勞誕生，正式宣告美國的速食連鎖餐飲文化進軍臺灣。有割包店想蹭漢堡的高人氣而在招牌上寫著：「臺灣漢堡」，學者何春蕤敏銳地感受到「漢堡」背後隱藏的是「美國感覺／中產氣氛／現代時髦」，1990年在報上發表了《臺灣漢堡—刈包》文章，談及臺灣越來越西化，臺灣人越來越像美國人，強勢的西方飲食將改變本土文化生態[5]。從現在看來，正如她所說，臺灣飲食西化並且內化，美而美之類的連鎖早餐店崛起，就是證明。

## 「臺灣」漢堡

三十年前在臺灣本地，漢堡二字吸引力強過臺灣；三十年後在歐美海外，臺灣二字卻重要過漢堡——割包激起了新一代海外臺灣移民的國族認同，他們選定割包為媒介，希望更多外國人了解臺灣。

主持《美食不美》（Ugly delicious）節目的韓裔美國人張碩浩，是美國餐飲界的指標人物之一，他所經營的福桃拉麵店曾在2004年開賣一款很像割包的食物，意外爆紅，也使割包躍上西方世界。

事實上，麵餅夾肉的食物並不少，像北京醬肉餅、陝西肉夾饃、福州光餅夾肉等，總不能什麼夾肉都算在割包的業績上。我認為重要識別是名稱「Gua Bao」，此外可自由變。

臺裔美國人廚師黃頤銘（Eddie Huang）在紐約開設的「Baohaus」，標榜是紐約第一家正宗割包店，品名就叫「Gua Bao」，他在接受媒體專訪時表示，割包成為他想向世界傳達的一則訊息，「它，來自臺灣。」[6]（已歇業）還有2012年張爾宬、鍾承達和鍾慧婷三人把割包推進英國倫敦。

5 何春蕤（1990-05-14）｜臺灣漢堡—刈包。《中國時報》
6 周敏（2017-06-22）｜臺味之光II／紐約Baohaus 從韓裔大廚手中搶回臺灣刈包。《天下雜誌》625期

# 兩地割包比一比

我的小名叫虎咬獅

| | |
|---|---|
| LOCATION | 泉州惠安 |
| NAME | 肉夾包、虎咬獅 |
| 吃法 | 夾五花肉片、鹹菜 |
| 時間點 | 嫁女兒、喜喪時 |

| | |
|---|---|
| LOCATION | 臺灣 |
| NAME | 割包、虎咬豬 |
| 吃法 | 夾五花肉片、鹹菜、花生糖粉、香菜 |
| 時間點 | 北部尾牙當日、日常點心或正餐 |

我的小名叫虎咬豬

sa te

# 沙茶醬

## Shacha Sauce

印尼

| NAME | Bumbu satai |
| --- | --- |
| FEATURE | 花生味重 烤肉串必備 |

臺灣

| NAME | 沙茶醬 |
| --- | --- |
| FEATURE | 扁魚花生味 火鍋主沾醬 |

## 醬料界的成吉思汗，臺灣醬料之王

這款從南洋到中國，再從中國潮汕到臺灣的醬料，版圖之大，是醬料界的成吉思汗。
使用的配料從20多種到50多種皆有，
有的要乾炒、有的要磨粉，炒製的火候也很重要，是明顯被低估的醬料啊。

### 潮汕

| | |
|---|---|
| LOCATION | 中國廣東 |
| NAME | 沙茶醬 |
| FEATURE | 花生味甜 乾粿不可少 |

### 廈門

| | |
|---|---|
| LOCATION | 中國福建 |
| NAME | 沙茶辣（sua-te-luah） |
| FEATURE | 蝦味鹹辣 沙茶麵靈魂 |

## 醬料界的成吉思汗

沙茶醬是臺灣人生活的一部分。吃肉羹、魷魚羹要來上一瓢沙茶醬，吃火鍋也一定要有沙茶醬，沙茶醬還是主婦的好朋友，家裡不一定有XO醬，但一定會有沙茶醬，是家庭常備良醬。

沙茶醬跟咖哩一樣，是由不特定辛香料組合而成的醬料，其製程繁複，使用的配料從20多種到50多種皆有，每樣材料都要經過處理，有的要乾炒、有的要磨粉，炒製的火候也很重要，如此費工，價格卻不如XO醬，實在明顯被低估了。

讓我們倒帶一下，臺灣的沙茶醬是從何而來呢？1949年之後，一批潮汕人來到臺灣，讓沙茶醬進入了我們的飲食生活中。那潮汕又怎麼會有沙茶醬的呢？是由在印尼、新馬一帶經商的華人，返鄉時帶回潮汕、廈門，經過在地化改良調整風味與配方後，變成中國版沙茶醬。一路回推，便可發現印尼的沙嗲醬（Bumbu satai）正是沙茶醬的原型。

廈門專業的沙茶麵店所使用沙茶醬，很多是自己熬製，還保有顆粒狀，不是完全的粉狀。

廈門在地沙茶品牌以吳再添跟陳有香兩家最普遍，這是品牌名同樣也是人名，一位叫「吳再添」，我自動解讀成「已經完美，無須再添任何一味了。」另一位叫「陳有香」，也被我自動解讀成「實在有夠香」，這兩人名當品牌名，真是再巧合不過。

（左）廈門名店烏糖沙茶麵。（右）友生沙茶麵的湯底香濃過人，被譽為「魔湯」。

整理起來可以發現：有印、新馬原版的沙嗲醬、潮汕風味沙茶醬、廈門風味沙茶醬、臺灣版沙茶醬；還有一款是新馬版潮汕風味沙茶醬——這是在印尼、新馬一帶經商的潮汕人，又把已經被中國化的沙茶醬從故鄉帶回印尼、新馬，至少演繹出了五種不同地域風味的沙茶醬。

我把這五種風味的沙茶醬擺在一起品嚐後，發現個別差異——原版沙嗲醬花生味重，甚至還能吃到花生顆粒，偏甜辣；汕頭的也是花生味濃且偏甜、廈門的蝦味強且偏辣、臺灣的扁魚味重且偏鹹、馬來西亞潮汕移民版的整體飽滿平衡。每款沙茶醬都有自己的生命，長出獨特的特色，所謂天下無正味，這正是食物有趣之處。

1 坊間讀物常見誤植沙嗲就是沙茶，事實上「沙嗲（印尼、馬來文：sate、英文：satay）」指烤肉串，印尼稱沙嗲烤肉醬為「本布沙待（Bumbu satai）」，「本布」指醬料或配料。老廈門人稱沙茶醬為「沙茶辣（sua-te-luáh）」，「luáh」的音同臺語發音「辣（luáh）」。老廈門人不嗜辣，沙嗲醬傳入廈門時，普遍被認為口味很辣，因此多加了「辣」字。

汕頭人會把沙茶醬用在乾粿條、乾撈上，還會炒沙茶牛肉、作為火鍋沾醬。(圖為立懷乾粿)

## 一探各地 如何詮釋沙茶醬

潮汕的沙茶醬起源至少始於清宣統元年(1909)，公認出自裕榮號店主許啟朝之手2。我對於潮汕沙茶醬期待超過其他地方，臺灣沙茶醬既來自潮汕，我一直好奇臺灣與潮汕沙茶醬味道相不相同呢？為了解謎，決定親訪汕頭。當朋友問我：「你要去汕頭找誰？」我回答：「去找沙茶。」好像跟沙茶是多熟的朋友似的。

然而當我在汕頭吃到沙茶醬時，顛覆了我的想像——與其說沙茶醬，還不如說是花生醬，而且是甜

2 張新民(2016-10-16)｜潮汕沙茶醬的前世今生，沙茶牛肉、沙茶粿條麵等各種沙茶美食。張新民吃話

3《辛香料風味學：辛料、香料、調味料！圖解香氣搭配的全方位應用指南》(2019)，P.4-5｜陳愛玲｜麥浩斯

廈門人除了買在地品牌的沙茶醬外，還會買東南亞進口的沙茶粉，自行調配成獨門沙茶醬。

的花生醬。吃起來像泥粉而沒有渣渣的顆粒感，辣味非常隱約，大概都被甜蓋過去了，只有餘韻跑出來刷一下存在感。我吃到的幾款汕頭沙茶醬都偏甜，廠商因應現代人對健康需求也推出了減糖版本，新版的甜度就不那麼高，由此可見，沙茶醬的味道是隨著時間、市場需求持續在變化當中。

各地對於沙茶醬的詮釋也不太相同，汕頭人會把沙茶醬用在乾粿條、乾撈上，還會炒沙茶牛肉、作為火鍋沾醬。臺灣人家庭使用沙茶醬大致是一個品牌用到底，廈門人十分重視沙茶，除了買在地品牌的沙茶醬外，還會買東南亞進口的華人沙茶醬或沙茶粉，回家再自行調配成獨門沙茶醬。

## 沙茶醬的流轉與人的流轉

馬來西亞潮汕移民的沙茶醬，是在潮汕沙茶醬基礎上，結合在地食材而成。檳城潮汕移民後代陳愛玲說：「製作沙茶醬是檳城潮汕人一年一度的盛事，香茅要除去外皮老梗、薑黃要去鬚根、清洗，在沒有調理機的年代，就只能用石舂慢慢搗，還要用到印度阿三哥現刨的椰子絲。」[3]她們家放了潮汕版沙茶醬所沒有的香茅、椰絲；也放了原版新馬沙嗲醬所沒有的扁魚與冰糖。

一個醬料經過時間、空間與人們之手，輾轉重新回到馬來西亞，它還是它，但它也已經不再是它了。族群也是這樣，中國人到了南洋落地生根，經過了兩、三代，說的還是華語，不過已經不是原本的中文，而是夾帶馬來語、福建語、英語等多語言的華語；身份認同也發生改變，馬來西亞華人的自我介紹往往是這樣：「我來自中國，但並非中國人；我是馬來西亞人，但並非馬來人。」

## 廈門這樣用沙茶醬

廈門把沙茶運用在沙茶麵、沙嗲肉串上，沙茶麵是以沙茶與豬骨為湯底的麵食，目前已成為廈門名小吃4，我覺得湯頭很迷人，有點像南洋咖哩叻沙。老牌店家多數自熬沙茶，除了配料，炒製過程也很重要，稍有不慎就可能反苦，一味關乎一家店的成敗。我探訪的店家都視配方為機密，倒是有廈門朋友願意跟我分享家庭配方：湯底以市售沙茶粉為基底，再加花生醬、淡奶、椰奶與椰絲粉與黃咖哩。

4 2016 年福建餐飲烹飪行業協會所發行的《福建餐飲》會刊上，廈門沙茶麵被列為福建十大名小吃之一。

## 馬來西亞馬六甲的豪邁用法

馬來西亞潮汕移民除了把沙茶醬作為日常沾醬外，在馬六甲還有名為「沙嗲朱律（馬來文：Satey Celup）」的沙茶火鍋，由於是潮汕人首先推出，因此又稱為「潮州沙嗲」。完全沒在客氣，沙茶醬當沾醬太小兒科、加入高湯中也太小兒科，而是整鍋鍋底都是沙茶醬，有點類似瑞士起司鍋的概念，而牛肉、蕹菜（空心菜）、血蚶等火鍋料就串成一串，在沙茶醬中燙熟食用。

## 臺灣沙茶醬 就是潮汕移民味

1949年前後有部分潮汕人遷居臺灣，臺灣沙茶味的傳播跟潮汕人、歷史與地緣有密不可分的關連性。當時國民政府抓伕拉丁，流傳一句話：「胡璉胡璉，剃頭免錢。」當兵要剃頭，指的是胡璉兵團擄人充軍之意。

這些非自願離鄉背井的潮汕人下船後，因不願從軍鳥獸散，隱姓埋名低調度日，當時基隆、高雄的哈瑪星與鹽埕區都是他們的落腳處[5]，其中有些從事中藥材進口買賣，沙茶醬使用到大量辛香料，在鄉親的人脈基礎下，貨源相對取得便利，間接促成了潮汕人讓沙茶醬在臺灣誕生。

臺灣吃得到咖哩炒麵、沙茶炒麵，但少有咖哩沙茶炒麵，基隆就有這種特別重上加重的口味。基隆市復旦路上至今有三德、老林等四家咖哩沙茶專賣店，「廣東汕頭牛肉店」公認是現存最早的一家，來自廣東汕頭的林廣省早年在基隆下船，率先將沙茶加入咖哩調味炒菜，濃重鹹香，一傳三代。

基隆有少見的沙茶加咖哩的調味。（圖為廣東汕頭牛肉店）

最常見的還有汕頭沙茶火鍋，臺北的清香廣東汕頭沙茶火鍋[6]、新竹的西市汕頭館（總店）[7]、高雄的天天沙茶火鍋[8]、味味香食堂[9]，還有臺灣沙茶醬品牌之祖的牛頭牌沙茶醬，都是由潮汕人所創，他們在臺灣各地散佈了沙茶味。

《辛香料風味學》作者陳愛玲提到，沙茶醬裡有些配方適合用來當載體，如洋蔥、紅蔥頭、椰絲、香茅等，讓屬辛料的辣椒、薑黃，屬香料的丁香、南薑得以依附、堆疊，製作出層次與厚度。我覺得很有意思，原來不是把配方全堆到一塊就可以，而是有些食材像是可以乘載肉體的骨架、有些食材作用是釋放香氣、有些食材是在表現味道，有些是前導、有些是壓隊，香料釋放的香氣猶如靈魂，靈魂需附體才能發揮功能，才能與人溝通。

一直以來，我把沙茶醬的存在視為理所當然，要不牛頭牌、要不義美、清香號，但是我們會不會太常接受加工食品，而喪失自己與香料對話、與家族對話的機會？沙茶醬既是臺灣人的家庭必備良醬，是不是可以在原有風味基礎下，創造更多的可能？加一點自家配方，那就不只是臺灣味還是一家之味，當沙茶醬與自身發生連結，就不只是有味道的醬料而已，還是有意義的醬料。

沙茶醬已成為臺灣火鍋的必備沾醬，可以再添上醬油、蔥花、蒜頭、辣椒等調配出每個人的專屬風味。

5 訪談台北潮汕同鄉會總幹事黃敏智等人。

6 廣東汕頭人吳元勝所經營的「清香廣東汕頭沙茶火鍋」，是臺北老字號沙茶火鍋店代表。

7 廣東汕頭人黃克記自基隆港下岸後，輾轉一路南行，落腳新竹，1949 年在新竹市開業「西市汕頭館」（總店），主打汕頭牛肉火鍋，自家沙茶醬是以 58 種中藥與香料調配而成。沙茶分為製湯用與沾醬用，火鍋湯底是大骨加入原汁沙茶，講究香氣；沾醬則是由醬油與沙茶調配而成，著重口味。

8 廣東潮州人鄭鑾嬌與夫婿於 1947 年在高雄開設「天天沙茶牛肉店」。

9 廣東潮陽人楊水來在 1960 年開設的「味味香食堂」，專賣沙茶炒牛肉、沙茶牛肉爐。

# 五種沙茶醬版本

**沙茶醬是少見從東南亞傳入華人圈，且經過演繹後被華人大量且廣泛接受的異國醬料。這些沙茶醬的風味，像是一種大數據統計，呈現了當地最大多數人所能接受且認可的風味，不管傳播版圖、製程或風味來說，都可說是臺灣的醬料王，醬料界的成吉思汗。**

## 印尼、馬來西亞

| | |
|---|---|
| 稱法 | Bumbu satai |
| 主要配料 | 花生、椰奶、薑黃、棕櫚糖、蒜、辣椒等 |
| 特色 | 花生味濃偏甜辣 |
| 吃法 | 烤肉串沾醬 |

## 汕頭

| | |
|---|---|
| 稱法 | 沙茶醬 |
| 主要配料 | 乾辣椒、花生、芝麻、糖、蒜、花椒、大茴香、小茴香、桂皮、鰈魚乾等[10] |
| 特色 | 花生味濃偏甜 |
| 吃法 | 牛肉火鍋沾醬、乾粿 |

10 家家版本皆不同，本表以汕頭版當地品牌「沙茶王」為例。

## 廈門

| | |
|---|---|
| 稱法 | 沙茶辣（sua-te-luáh） |
| 主要配料 | 蝦粉、植物油、糖、辣椒粉、花生、蒜等[11] |
| 特色 | 蝦味強偏辣 |
| 吃法 | 沙茶麵、沙嗲肉串 |

## 大馬潮汕移民

| | |
|---|---|
| 稱法 | 沙茶醬 |
| 主要配料 | 扁魚、開陽、辣椒、冰糖、老抽、洋蔥、紅蔥頭、椰絲、五香等 |
| 特色 | 平衡飽滿 |
| 吃法 | 火鍋湯底（馬六甲潮汕移民創出沙嗲朱律）、沾醬 |

## 臺灣

| | |
|---|---|
| 稱法 | 沙茶醬 |
| 主要配料 | 扁魚、花生、芝麻、辣椒、南薑、八角等 |
| 特色 | 扁魚味重偏鹹 |
| 吃法 | 火鍋沾醬、鍋燒沙茶意麵、汕頭沙茶火鍋、咖哩沙茶麵等 |

11 家家版本皆不同，本表以廈門當地品牌「陳有香」為例。

# Tofu Pudding

**馬來西亞**

| NAME | 豆腐花、豆花 |
| --- | --- |
| FEATURE | 味道最純粹 |

**臺灣**

| NAME | 豆花 |
| --- | --- |
| FEATURE | 甜湯之一 |

## 搗碎吃或不搗碎吃？

豆花的鹹黨與甜黨，曾在網路上引發大戰16萬條評論，證明有人真心愛豆花。
你愛吃豆花嗎？你知道光從搗碎或不搗碎，便能看出你來自何處？

### 香港

| | |
|---|---|
| LOCATION | 中國 |
| NAME | 豆腐花 |
| FEATURE | 配料最花俏 |

### 漳州

| | |
|---|---|
| LOCATION | 中國福建 |
| NAME | 豆花 |
| FEATURE | 鹹味豆花<br>粉絲同行 |

### 潮汕

| | |
|---|---|
| LOCATION | 中國廣東 |
| NAME | 豆腐花 |
| FEATURE | 糖粉加好加滿 |

## 從吃豆花，就可看出你來自何處？

2011年中國大陸的微博曾興起一場「腥風血雨」的鹹甜豆腐腦之戰，大抵上豆花的版圖是北鹹南甜。擁甜派稱為「甜黨」、擁鹹派稱為「鹹黨」，口味各有偏好原是天經地義之事，沒想到甜鹹兩黨壁壘分明、水火不容，筆戰的評論總數竟超過16萬條[1]。有人還趁此在網路上發起了鹹甜豆花的投票，投票結果：51%的網友選擇鹹豆花、34%的網友選擇甜豆花，還有9%的網友堅持不僅要鹹的，還必須是辣的！

我在四川成都吃過辣豆花，在福建漳州、安徽吃過鹹豆花，在港澳、新馬等地吃過甜豆花。臺灣人吃甜豆花，潮汕、港澳與新馬也吃甜豆花，不過雖同為甜豆花，卻有不同流派，一碗豆花端到你面前，第一步會怎麼做呢？有人回答「搗碎！」也有人回答「千萬別搗碎！」從這一步就能看出你來自何處，這是因為豆花在不同地方，便有不同的詮釋之故。

在臺灣、新馬、港澳的甜豆花多

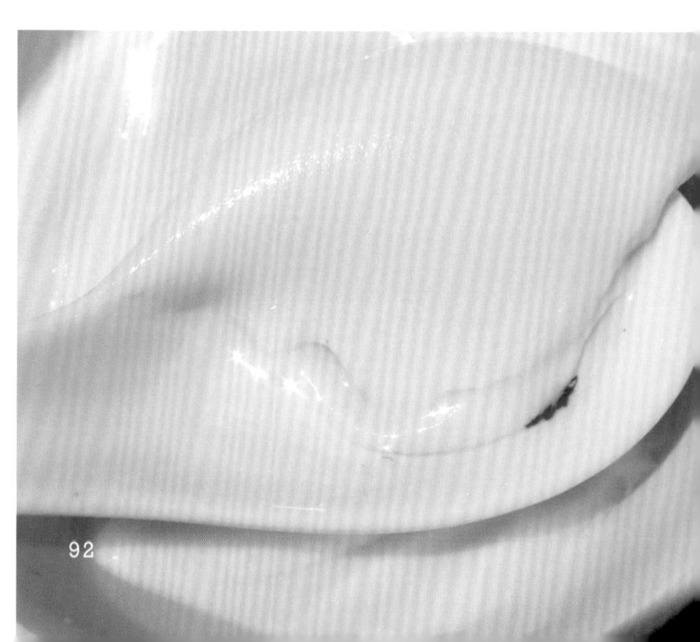

新馬豆花傳統版只有豆花加糖水，不加其他配料，用吸吮而不搗碎的方式，感受豆花細滑的質地。

1 華靜言（2011-06-10）｜豆腐腦鹹甜之爭引爆微博 兩派筆伐奇文輩出。《新快報》

源自潮汕人之手，不過隨著時間演變，豆花體質地各不同，粗細順序為：潮汕、臺灣、港澳、新馬。潮汕的豆花體像偏軟的碗粿，質地比較粗，臺灣居中，港澳、新馬最講究細滑。

先說臺灣，臺灣是搗碎派。豆花成了一款與紅豆湯、花生湯同等地位的「湯底」——以豆花糖水為底，再任選芋圓、粉圓、紅豆、綠豆等配料組合。如此一來，豆花退居配角，因為角色的改變而影響了它的吃法，逐漸變成要把豆花搗碎來吃，因為搗碎可使糖水、豆花與配料等比例混合，入口各料均足。

新馬與港澳是千萬別搗碎派，傳統版只有豆花加糖水，不加其他配料，因此用吸吮而不搗碎的方式，去感受豆花細滑的質地是一種享受。而且不僅不搗碎，還可以玩，用瓷調羹撈豆花，看豆花在調羹間像絲綢般地滑動，還有把豆花放到調羹裡，看「懸崖邊」豆花垂墜不斷，彈力滿滿的樣子。那麼潮汕豆花要不要搗碎？我觀察當地人多不搗碎，潮汕豆花體像偏軟的碗粿，你吃碗粿會搗碎嗎？

為什麼源自潮汕的豆花，到了新馬會產生質地的變化？我猜是受了廣東移民（或香港）的影響，廣東人對口感細滑有強烈的執著，絲襪奶茶要細滑、腸粉要細滑、河粉要細滑，連豆花也要細滑。

| (冰的)點餐方式 | (熱的)點餐方式 |
|---|---|
| (1). 任選 1-4 種配料 =60元 | (1). 紅豆湯 加自選三種配料 =60元 |
| (2). 粉圓冰 加自選三種配料 =60元 | (2). 燒仙草 加自選三種配料 =60元 |
| (3). 冰豆花 加自選三種配料 =60元 | (3). 熱糖水 加自選四種配料 =60元 |
| (4). 招牌粉圓冰 幫您選三種料 =60元 | (4). 熱豆花 加自選三種配料 =60元 |

你愛吃鹹豆花嗎？圖為四川成都的麻辣豆花。

## 豆花的講究

我認識豆花是從豆花勺開始的。舀豆花是一個優雅的過程，豆花勺是獨一無二的平勺，豆花桶口窄又深，片豆花是斯文人的活兒，輕柔而緩慢，豆花軟綿綿的，不輕柔怎行？平勻沒個邊際，移動時要防止豆花跌落破碎，不緩慢怎行？

我真正了解豆花的魅力是在馬來西亞，在那裏吃到了非常純粹的豆花，在當地豆花只吃熱的，就如同我幼時的童年記憶般溫熱燙口，它既保有中國潮汕一帶的純粹——只有糖與豆花，又保有廣東豆腐花質地細滑的特色。

品嚐豆花的首要重點，就是不能吃多，吃多是會飽的，反而成了一頓正餐。坊間的店家多半把豆花當作一款「湯底」，總要加東加西，干擾了豆花的純粹，若跟店家說什麼配料都不加，那店家自然再多舀幾瓢豆花放上，作為補償，然而份量多到超過比例，飽了就自然膩口，少了吃意猶未盡的樂趣。

其次豆花不是咀嚼而是用吸吮的，用唇、用舌、用嘴去感受細滑的美好，因此豆花體的質地細滑就顯得重要。另一方面，豆花的質地又不能過於單薄，那就不如去吃果凍，要能帶出黃豆飽滿的豆香才算合格。

第三，糖水也是重要關鍵，稠度足夠才能抓住豆花體，而且要帶有誘人的糖蜜香，我吃過一家豆漿專賣店所販售的豆花，豆花體或許真材實料，大概是為了健康因素，糖水稀薄、甜度不足，成為一碗災難豆花。

為什麼傳統豆花吃熱比吃冷好？冰豆花往往是在熱豆花原有比例上加一勺冰，雖然吃起來涼快，卻會稀釋掉糖水的甜度，或許加多糖水可以拉回甜度，但這又會造成糖水量變多。糖水與豆花份量要拿捏，吃完豆花的同時，糖水也剛好見底是最完美的了。

最後，盛裝豆花的器皿也很重要，瓷調羹、瓷碗最好，細滑的質地與豆花相互輝映，而且吃熱豆花也有保溫效果。鐵湯匙銳利的邊緣會割破豆花體，塑膠湯匙的載體過小，無法裝載完整豆花，就算送來的是一碗好豆花，也在最後一步路破功。

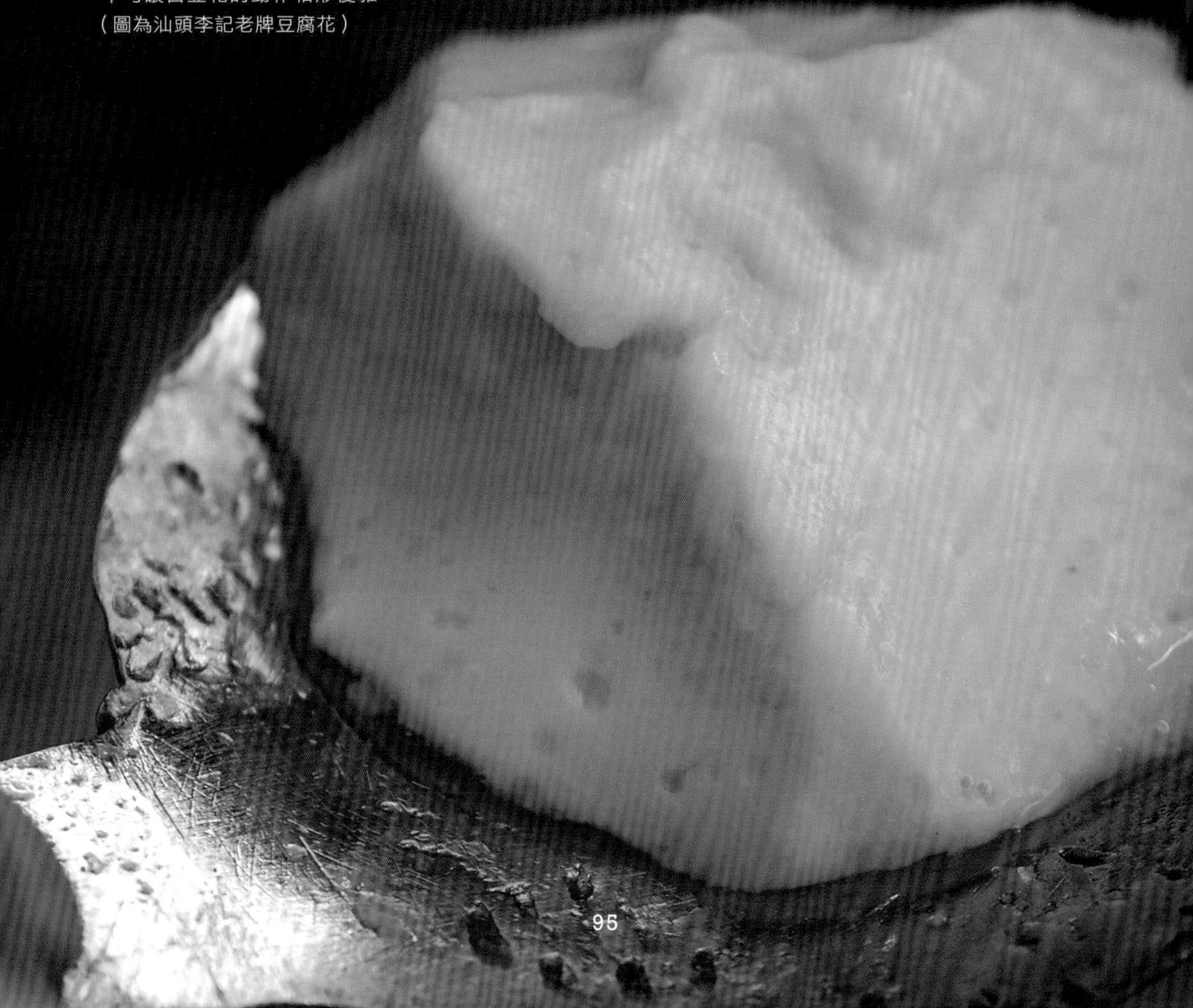

平勺讓舀豆花的動作相形優雅。
（圖為汕頭李記老牌豆腐花）

## 大時代底下，豆花命運的改變

在漳州如果看到「豆花」，指的多半是豆花粉絲店，當地人從早餐就吃豆花，豆花可以作為一日三餐。豆花、粉絲，可再選加金針、滷瘦肉、叉燒、黑木耳、腐竹、豆腐等滷味，有豆花粉絲與滷味二合一概念，最後撒一點鹹菜碎、香菜就可上桌。豆花粉絲很多人的標準配備是油條，一口豆花、一口油條。

潮汕豆花有兩個獨特之處，一是豆花質地結實、二是乾豆花。中國汕頭李記老牌豆腐花第四代傳人李偉深說，豆漿裡加了米漿調和，使豆花吃起來像帶有豆焦味的碗粿。其次是不摻一滴水的「乾豆花」，豆花舀法很大器，像在挖飯那樣厚厚一勺、撒上糖粉、再一勺豆花，再蓋上糖粉與芝麻粉，在豆花上形成一座沙丘，利用豆花的熱溫讓糖粉溶解。

而豆花到了港澳變得很花俏，豆花不僅冷吃，還摻入各式配料，多以水果為主，如：士多啤梨（草莓）豆腐花、楊枝甘露豆腐花、芒果西米露豆腐花等；也會有兼具養生功效的白果（銀杏）銀耳豆腐花、杏汁豆腐花等。

為什麼豆花到了港澳跟臺灣後就變花俏了呢？原因無他，就是商機。隨著時代變遷從農業轉型為工商業社會，人口大量往都市遷徙，都市的地租昂貴，傳統豆花攤難以生存，豆花伯佝僂的身影也消失在繁華世界裡。

馬來西亞的豆花源自於潮汕地區，隨著潮汕移民到南洋發展而落地生根。（圖為怡保頂豐潮州豆腐花）

老闆，來碗豆花！

馬來西亞怡保有一攤「奇峰豆花」，創造出市街奇景，開業已經邁入第 66 個年頭，整條馬路就是它的得來速，是全馬生意最好的豆花攤。停車而不下車，店員會靠近車窗協助點餐，客人在車上吃豆花，再把空碗遞出車窗，自然有專人來收碗。

為了使豆花能有立足之地，必須有更高的收益才能支撐成本，於是把許多東西往上加：加了配料就加錢、加了份量就加錢、加了空調就加錢。從售價上看尤其容易明白，潮汕豆花一碗約臺幣15元，香港豆花則要臺幣100~160元，價差將近10倍[2]。然而人們吃到的許多無形的東西，都跟豆花無關，包括人事、租金、水電成本等，而變得花枝招展的豆花，似乎已經是回不了頭了。

2 潮汕豆花一碗人民幣 3 元（約臺幣 15 元）、馬來西亞豆花一碗約馬幣 2 元（約臺幣 16 元），臺灣一碗約臺幣 40~60 元，香港則要價港幣 25~40 元（約臺幣 100~160 元）。

# 解析豆花結構

NAME 馬來西亞豆花

FEATURE **最純粹**

| 豆花體 | 細滑 |
| --- | --- |
| 水位 | 低 |
| 配料 | 無 |
| 糖水 | 班蘭葉、白糖 |

冷熱均可

NAME 港澳豆腐花

FEATURE **配料花俏**

| 豆花體 | 細滑 |
| --- | --- |
| 水位 | 低 |
| 配料 | 多（水果、養生訴求為主） |
| 糖水 | 片糖 |

NAME 潮州豆腐花

FEATURE **不加一滴水**

| | |
|---|---|
| 豆花體 | 粗獷 |
| 水位 | 無 |
| 配料 | 無 |
| 糖水 | 黃白糖粉、芝麻粉、花生粉 |

NAME 臺灣豆花

FEATURE **當甜湯底**

| | |
|---|---|
| 豆花體 | 粗細適中 |
| 水位 | 高 |
| 配料 | 多（檸檬、軟花生、豆類、圓仔類為主） |
| 糖水 | 二號砂糖、黑糖、薑汁 |

NAME 漳州豆花

FEATURE **鹹味為主**

| | |
|---|---|
| 豆花體 | 粗細適中 |
| 水位 | 高 |
| 配料 | 腐皮、豬腸等滷料 |
| 糖水 | 無（鹹味） |

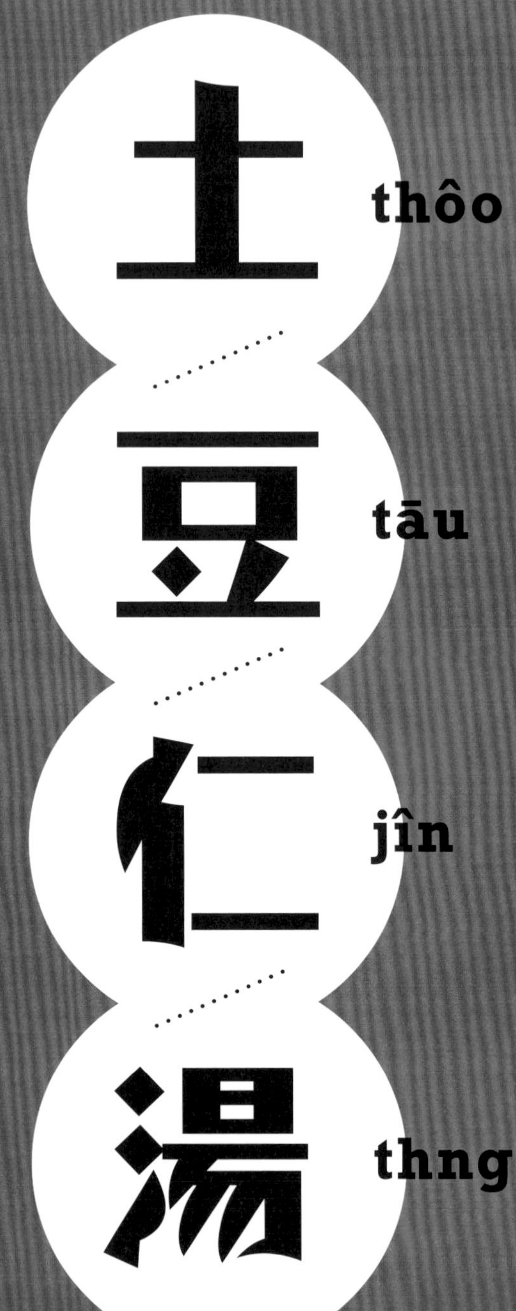


# Peanut Soup

臺灣

圖片提供｜欣葉國際餐飲集團

| | |
|---|---|
| NAME | 花生湯、土豆仁湯[1] |
| FEATURE | 配料隨意加 |

1 花生湯國語為「花生湯」、閩南語為「土豆仁湯」，《台灣料理之栞》稱為「土豆仁湯」，廈門人亦稱為「土豆仁湯」。

## 臺灣的之一，廈門的唯一

對現在的臺灣人來說，土豆仁湯是甜湯底之一；
對老廈門人來說，土豆仁湯是唯一。
從兩地人對土豆仁湯的態度，發現臺灣人在飲食上有「這種」性格特質。

### 福州

| | |
|---|---|
| LOCATION | 中國福建 |
| NAME | 花生湯 |
| FEATURE | 白丸子也入湯 |

### 廈門

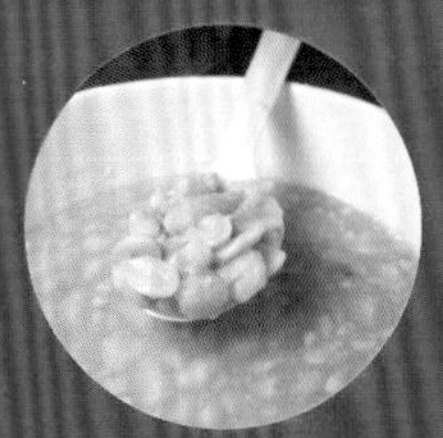

| | |
|---|---|
| LOCATION | 中國福建 |
| NAME | 土豆仁湯 |
| FEATURE | 蛋花是最佳拍檔 |

## 土豆仁湯曾是臺灣人的早點之一

大媽已經九十多歲，出生於廈門，1947年之後才定居臺灣，她仍保有廈門人的喜好，那就是愛喝土豆仁湯，嘴裡老念念不忘三重重新路、大同南路口的那攤土豆仁湯。然而她年事已高，行動不便，這點小事當然由我代勞，土豆仁湯要夠燙才好喝，買好後立刻招計程車返她板橋的家，我們倆連一句話都不敢多聊，就怕耽誤了熱度，低頭喝著土豆仁湯，那是記憶中一個非常美好的畫面。

土豆仁湯在臺灣已經有超過百年以上歷史，早在1912年出版的《台灣料理之琹》裡就有「土豆仁湯」的介紹。我問大媽，當年的土豆仁湯跟現在有何不同？老天垂憐，她的記憶仍然清晰，談吐流暢。她說：「以前吃到的土豆仁湯會放芋頭丁或配油條。芋頭切一塊一塊，放進湯裡，油條可以配著吃也可以切段泡湯吃。」她口中的「以前」，大約是1940年代的廈門。而現在臺灣依然存在這樣的甜湯店，例如有七十年歷史的臺北萬華三六圓仔店，至今仍賣芋頭丁土豆仁湯。

土豆仁湯是一道要靠時間成就的甜湯。（圖為臺北杉味豆花）

### 廈門土豆仁湯

我在福建泉州、福州、廈門等地都見過土豆仁湯的身影，我觀察到

臺灣人喝土豆仁湯習慣加油條或膨餅。（圖為臺北八棟圓仔湯）

土豆仁湯跟廈門的關係尤其緊密，在這個五光十色、充滿各式食物誘惑的世界裡，竟獨鍾一味土豆仁湯。土豆仁湯店也不像香港或臺灣，品項琳瑯滿目，它不賣別的，就只賣土豆仁湯一項；不管熱天冷天，一年到頭也就只賣熱的土豆仁湯，它可說是廈門人的唯一甜湯。

老廈門人把土豆仁湯當早餐吃[2]，我懷疑一早喝土豆仁湯不會太甜嗎？但一想到豆漿是甜的、也配油條吃，似乎就不那麼難理解了。後來才知道，臺灣早年也把土豆仁湯當早餐、也配油條吃。臺北八棟圓仔湯第二代老闆林督欽告訴我：「三、四十年前，剝皮寮前有攤賣土豆仁湯的，就是早餐檔；艋舺祖師廟前也有一攤，還撒肉桂粉，據說這樣喝起來比較香，只是這些攤子老早就不在了。」

2 《愛上老廈門》（2011），P.178 | 高振碧 | 電子工業出版社

## 土豆仁湯裡，糖的秘密

土豆仁湯不只要熱，還要熱到燙口，因為土豆仁湯的糖下得多，一降溫甜度變得明顯，喉嚨還會「縮（sok）」起來。為什麼要下那麼多糖？土豆仁湯店老闆一致回答：「夠甜，花生才浮得起來。」要花生浮起來做什麼？一方面店家在舀取時，容易控制與分配每碗花生的份量，一方面是賣相好，路人一見鍋裡滿是花生、香氣奔騰，自然禁不住喊：「來一碗！」

廈門現存最老字號的是「黃則和花生湯」，規模不小卻少了老滋味，頗為失望。當地朋友推崇的「佘阿姨花生湯」，湯頭濃郁但有時候花生膜除得不乾淨，部分殘留在湯裡，湯色變濁，還像咬到了濕掉的舊報紙。

我偏好「思北花生湯」，店家把花生攤在竹篩子上曬，去了膜，再慢慢煮七、八小時直至乳白色，綿密到入口一抿便化掉。

臺灣的話，我個人偏好臺北南機場「八棟圓仔湯」，這店是賣紅豆湯與土豆仁湯起家，後來才加入湯圓等品項。土豆仁湯使用本地花生，連泡餅都指定用臺北迪化街百年老舖李亭香餅店，花生扎扎實實熬上七、八小時，味道純粹。

廈門人會把土豆仁湯當作早餐。（圖為佘阿姨花生湯）

## 臺灣人重視多樣怕單調

讓我在乎土豆仁湯，是在開始四處尋覓之後，一次買了一款體型飽滿、花生多的土豆仁湯，一喝驚訝發現，沒有香氣，像在喝花生的浮屍，沒幾口就膩了。這才明白，當土豆仁湯被放大到成為唯一時，任何看似簡單的事物就變得一點都不簡單。

「煮紅豆跟花生，哪個比較難？」八棟圓仔湯老闆娘黃素青回答：「當然是花生！紅豆只要煮四小時、花生要煮八小時。」我想起朋友說的一個故事，年輕時一位服役中的男生休假時來找她，時值冬至，兩人想煮土豆仁湯與圓仔湯過節，從沒煮過土豆仁湯的他們，等著等著，花生老煮不化，最後男同學趕著收假離去，他們終究沒喝到土豆仁湯，一段可能正要綻放的情緣也沒了。

廈門人喝土豆仁湯鹹甜佐搭是標配，其中最常搭韭菜盒。（圖為思北花生湯）

土豆仁湯就是這麼磨人、磨時間，花生煮前要挑掉碎豆，不能用鹼油求快，不能用壓力鍋煮。一首有名的臺語歌「愛拚才會贏」，很多人只聽到「愛拚才會贏」，卻沒注意到贏的前提是「總嘛要照起工來行」，先做好基本功，透過長時間慢慢熬，這種很笨的方法，往往被稱之為「古法」。

世界上最珍貴的就是時間，許多東西也因為時間而彰顯意義，這也是為什麼古董或歷史會如此迷人，要相信花費的時間不會白白消失，土豆仁湯一入口，顆粒飽滿完整、入口綿化、湯濃似乳、色如象牙，會被懂得的人感動。

廈門花生湯店家把花生攤在竹篩上曬，去了膜，再慢慢熬煮七、八小時直至乳白色，入口綿密，一抿即化。（圖為思北花生湯）

## 臺灣土豆仁湯的危機

土豆仁湯從臺灣的早餐行列中消失，甚至淡出甜湯店，一點都不讓人意外。

一方面是臺灣早餐西化，1980年代起連鎖餐飲業態快速發展，三明治、漢堡、奶茶成了基本配套。其次，若早上五、六點擺攤，往前回推八小時，攤家每天要從前一晚十點開始徹夜不眠熬煮土豆仁湯，花費大量的燃料成本與時間成本，卻賣不了好價錢。第一代攤家肯，第二代肯嗎？第二代肯，第三代肯嗎？

臺灣人在食物上偏好選擇多樣化。

一坪大小的手搖飲攤子，要能創造出幾十種的飲料；冰店要有二十種以上的配料，用來任選四項；吃到飽自助餐要有數十、上百種菜色；火鍋店要提供不同湯底，這些市場現況映現的是消費者的需求。

2019年臺灣有一則關於土豆仁湯的新聞，花蓮一家六十年知名老店，被踢爆標榜手工土豆仁湯，卻是用現成土豆仁湯罐頭加糖水賣給觀光客，業主被追問時反問：「我以前真的會煮大桶的土豆仁湯，但現在有人嗎？有人要吃嗎？」[3] 這則爭議性的新聞，背後透露著：真的還有人在乎土豆仁湯嗎？彷彿訴說著土豆仁湯悲歌。多就等於好嗎？在得到廣度的同時，我們會不會也失去了追尋深度的美好機會呢？

臺北八棟的土豆仁湯，還指定用臺北百年老舖李亭香餅店的泡餅。

3 許力方（2019-10-05）｜花蓮鋼管紅茶老店遭爆「65元花生湯」用罐頭＋糖水！老闆秒承認 吼：有人要吃嗎。東森新聞 https://www.ettoday.net/news/20191005/1550956.htm

# 土豆仁湯比較

廈門人的土豆仁湯可加蛋花。

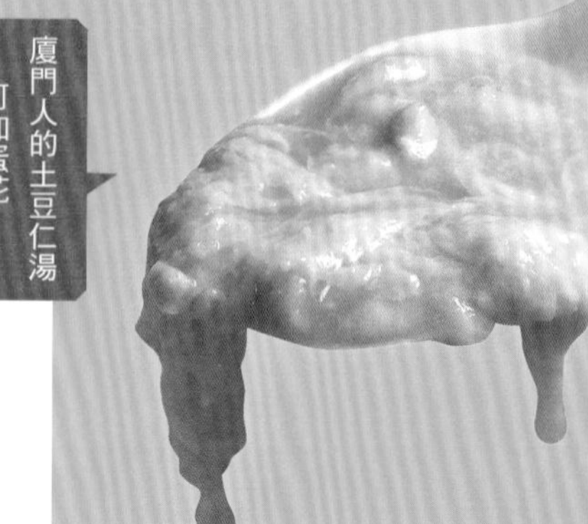

LOCATION　廈門

NAME　土豆仁湯

**店家形態**　專門店

**角色**　主湯

**溫度**　熱

**加料**　雞蛋

**配料**　廈門土豆仁湯專賣店只賣純熱土豆仁湯，頂多加顆現打雞蛋，變成蛋花土豆仁湯。土豆仁湯的標配是油炸韭菜盒，有的還會搭油條、炸粿、雞卷等炸料，基本上是一甜搭一鹹。

**LOCATION** 福州

**NAME** 花生湯

| | |
|---|---|
| 店家形態 | 甜點店 |
| 角色 | 主湯 |
| 溫度 | 熱 |
| 加料 | 白丸子 |
| 配料 | 無 |

圖片提供｜欣葉國際餐飲集團

**LOCATION** 臺灣

**NAME** 花生湯、土豆仁湯

**店家形態** 冰品店

**角色** 與紅豆湯、豆花、綠豆湯列為基本湯底

**溫度** 冷熱均有

**加料** 膨餅、湯圓、紅豆、芋頭等，最常見是膨餅(泡餅)泡土豆仁湯，有人説這是臺版酥皮濃湯，膨餅是內有糖漿餡的中空酥餅，泡在熱湯裡會逐漸糊爛，像爛泥巴一樣。

**配料** 單吃或配油條

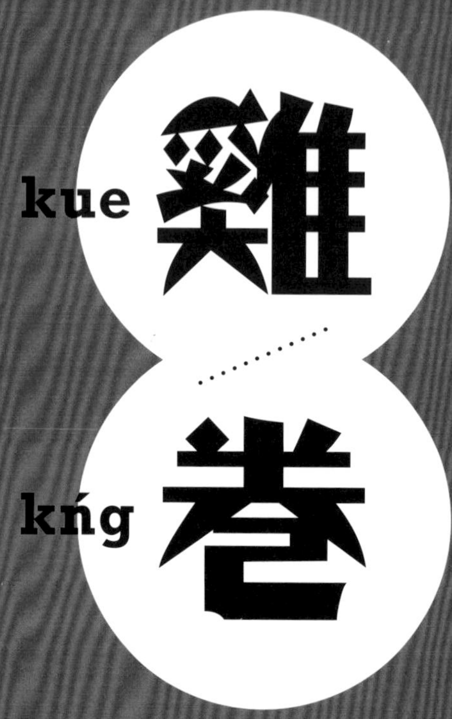


# Meat Rolls

臺灣

| | |
|---|---|
| NAME | 北雞卷、南𩛩仔 |
| FEATURE | 可高檔可常民 |

## 為什麼雞卷裡沒有雞？

雞卷橫跨福建、臺灣與新馬，這道食物上得了廳堂，也可以是路邊攤食物，我們不僅解開雞卷的身世之謎，還發現了它有個「五香肉捲」的手足。

| | |
|---|---|
| LOCATION | 馬來西亞 |
| NAME | 滷肉（Loh Bak） |
| FEATURE | 常見炸料之一 |

### 石碼

| | |
|---|---|
| LOCATION | 中國福建 |
| NAME | 五香肉捲 |
| FEATURE | 滷麵五香 是節慶是日常 |

## 雞卷為什麼叫雞卷？

不知道你是否曾想過：「如果不做這行的話，要做哪一行？」我想過，我的答案是想當一名偵探。雖然沒能在現實世界裡成為偵探，但也算是一名食物偵探，雞卷就是我的對象之一。

一切是從雞卷的由來開始，臺菜裡有一道菜叫「雞卷」，主要內餡有洋蔥、豬肉丁、荸薺、青蔥，用地瓜粉將其調合，早年用豬網油為外衣，後因取材不易或健康因素而改成腐皮，腐皮將餡料捲成細長筒狀，兩端各留置一小段，如糖果般旋緊兩端封口，入鍋油炸而成，從臺菜餐館到路邊攤子都可見其身影。

很多人有疑問：「雞卷為什麼裡面沒有雞？」對應這個疑問流傳著一種說法：「在物資匱乏的年代，人們珍惜食材，把剩餘食材湊齊捲起，把加（Ke）的東西捲（kńg）起來，所以稱為「加捲（Ke-kńg）。」

然而，我在福建、臺灣，連福建移民最多的馬來西亞檳城也吃過雞卷，若是「把剩餘的東西」捲起來，按理各國、各地、各家剩餘的食材都不同，怎麼會內餡幾乎都相同？

臺灣有湯雞卷喔！（圖為彰化江淮蛤仔麵）

## 雞卷源於雞管

我決定要找出真相。首先，查閱了《臺灣閩南語常用詞辭典》，「加（Ke）」的詞條解釋之一是指「多餘、原本不必要。」既然物資匱乏就不可能有多餘、不必要的食材，只會有用過後留下的剩料，「賰（tshun）」詞條解釋才指「剩餘」；那麼以語意來看，雞卷更適合稱作「賰捲（tshun kńg）」而非「加捲（Ke-kńg）」。

最可能的解釋是，「雞卷」並非「加捲（Ke-kńg）」，而是「雞管（Ke-kńg）」。我又查了1912年出版的《台灣料理之栞》，支持了這項說法，書中這道菜名稱為「燒雞管」。此外，《台日大辭典》裡也提到「雞管」詞條，其中之一解釋為「料理之名」，其做法跟內容物也都接近現代的雞卷。

這兩本提到的都是「管」而不是「捲」，管是名詞、捲是動詞。閩南語中，「管（kńg）」是指長且中空的東西，氣管稱為「肺管（hi-kńg）」、血管稱為「血管（hueh-kńg）」，雞如管子般的器官也就是雞頸，這也更能說通「為什麼雞卷裡沒有雞」，因為指的是此物的外貌如雞頸，而非加入雞肉餡料。

其次，當我實際走訪閩南一帶，聽到有人稱它五香肉捲，也有人稱「雞管（Kue-kńg）」，尤其是泉州。「kue（音近似歸）」指的就是「雞」了，更證實了「雞管」的正確性。

雞卷是臺灣的常民食物。

## 雞卷的朝聖之旅

為什麼雞卷叫雞卷？最可能的原因是外貌似雞頸，故名雞管（雞卷）。

## 龍海石碼 有上百家雞卷店

我走訪閩南一帶時，雞卷專賣店不寫「雞卷」而寫「五香」或「五香肉捲」，而且通常在名稱前還會冠上「石碼」二字，石碼位於漳州市龍海市裡，人們普遍認為石碼的五香最出名。但為什麼石碼最有名呢？沒有找到答案，於是我與當地朋友決定驅車到石碼朝聖，做為我探尋雞卷的最後一哩路。

龍海是一個現代化城市，看不出與中國大陸其他城市有什麼差異，不過說到五香，我便發現其獨特之處了——當地人說，光龍海就有超過百家的五香店，即使不是專賣也兼賣，尤其當地有很多滷麵店，滷麵店一定同時賣五香，而知名的五香店也會兼賣滷麵，滷麵跟五香就像是哥倆好、一對寶。

「石碼五香」內餡有豬瘦肉、洋蔥、五香粉、地瓜粉，外包腐皮。龍海人超狂，一般人會把五香切成小塊吃，石碼人是以整條為單位，有人一買就一、兩百條，五香跟生活息息相關，石碼人每到中秋、中元普渡、春節或者紅白喜喪都會吃五香。石碼之所以能成為五香的代表，我想跟它的店數多且與當地人生活緊密相關有關。

我到當地名店「新行頭」去，先在店裡觀察了一圈，發現在廚房後頭一名男人正在手切豬肉，前頭有一名婦人製作、包料、油炸的一條龍作業。女人的手法俐落熟練，不消幾秒就在她手中生出一條五香，每條肥瘦、長短一致，直挺漂亮。或許是跟使用當日溫體豬肉、現包現炸有關，加上油溫控制得好，我最怕吃到含油的雞卷，單用筷子一壓就淌出油汁那種，新行頭的五香真好吃，乾爽不膩，肉鮮味香，是我吃過最好吃的五香。

## 雞卷佐醬好多種

### 芥辣醬

（廈門吃法）

廈門吃法，早年臺灣也沾芥辣，《台灣料理之栞》裡就提到雞管以「芥辣」為佐醬，芥辣是芥菜種子做成的醬，提味解膩。

### 辣椒醬

（各地吃法）

隨著現代飲食改變，辣椒醬成為各地必備的沾醬。

### 桔油

（廈門吃法）

一說廈門人吃雞卷會沾桔油，桔油不是油，而是以金桔汁、糖、鹽熬製的醬料，帶有琥珀色，傳統吃法會沾，現則少見，不過潮汕人會用來沾炸料或海鮮。

## 白胡椒粉
（石碼吃法）

胡椒粉辛味明顯，還帶有撲鼻清香。

## 沙茶醬
（石碼吃法）

廈門沙茶醬當佐醬，吃起來海味重、有蝦的鹹鮮香味。

## 甜辣醬
（臺灣吃法）

臺灣的雞卷佐醬通常是甜辣醬、辣椒醬，或是不沾醬直接食用。補充說明，臺灣的雞卷不一定摻五香，但幾乎都摻白胡椒粉，也是要提味解膩，就不需再沾醬了。

## 滷汁
（馬來西亞吃法）

在馬來西亞，五香會出現在兩個地方，一個是娘惹菜餐廳，一個是炸物攤。炸物攤上，五香通常跟著炸魚丸、炸蝦餅、炸豆腐一起賣，攤家不另外賣滷麵，但會調出模擬滷麵湯的五香滷汁（以五香粉、黑醬油、醬油、糖調味）供食客沾取。

當我到閩南再次深入造訪時，
才發現雞卷跟五香是不同的兩樣食物──名稱、材料、大小皆不同。

## 閩南五香肉捲是什麼？

五香肉捲屬於街頭小吃，內餡為豬瘦肉丁、五香粉、青蔥、荸薺（或洋蔥）、地瓜粉，外皮是腐皮。比起閩南雞卷，五香肉捲工序較簡單，亦可冷凍儲存，技術門檻較低、油炸時間較快，也因此容易大量複製、普及度高。

腐皮

## 閩南雞卷是什麼？

閩南雞卷屬於精細菜式，早年多出現在餐館餐桌。內餡為肥瘦各半的豬肉丁、五香粉、荸薺、扁魚、胡椒、紅蔥頭，外皮是豬網油。作法上，扁魚要蒸過、曝曬再油炸，才能展現香氣。長約15-20公分，呈粗棍狀，餡料多，直接油炸的話，會外焦而內未熟，因此要先蒸後炸。然而因為費工費時，幾乎消失在市場上，被五香一統天下。

豬網油

## 臺灣雞卷是什麼？

在臺灣，沒有雞卷、五香肉捲之分，早已混為一談，只殘留「雞卷」之名；或有中北部稱雞卷、南部稱「繭仔（kián-á）」。有的人內餡放洋蔥、有的放荸薺、有的用豬網油包、有的用腐皮包，有的會放五香粉、有的不放，有的大如閩南雞卷、有的小如閩南五香，上得了臺菜餐廳也常見於市場小攤，屬各自表述。

# 各地雞卷比較

LOCATION 臺灣

NAME 雞卷、雞捲

**內餡** 豬肉、五香粉、紅蔥頭、洋蔥、地瓜粉、糖、紅糟

**外皮** 豬網油或腐皮

**形狀** 約8-20公分，粗棍狀

**作法** 多直接油炸

說明：雞卷各家內餡不同，本表格配方引自臺北福華飯店蓬萊邨。

LOCATION 閩南

NAME 五香肉捲

**內餡** 豬瘦肉丁、五香粉、青蔥、荸薺（或洋蔥）、地瓜粉

**外皮** 腐皮

**形狀** 約12-15公分，細棍狀

**作法** 油炸

LOCATION 馬來西亞檳城

NAME 滷肉（Loh Bak）或五香

**內餡** 豬肉、五香粉、涼薯、地瓜粉、紅蔥頭

**外皮** 腐皮

**形狀** 粗細長短皆有

**作法** 油炸

說明：馬來西亞檳城稱雞卷為「滷肉（Loh Bak）」。在閩南一帶，滷麵店通常都會兼賣五香，客人點餐後，店家把五香切成小段，食客可以把五香沾滷麵汁吃。這吃法也延伸到了馬來西亞，「滷」汁搭配五香「肉」捲吃，就簡稱為「滷肉」了。

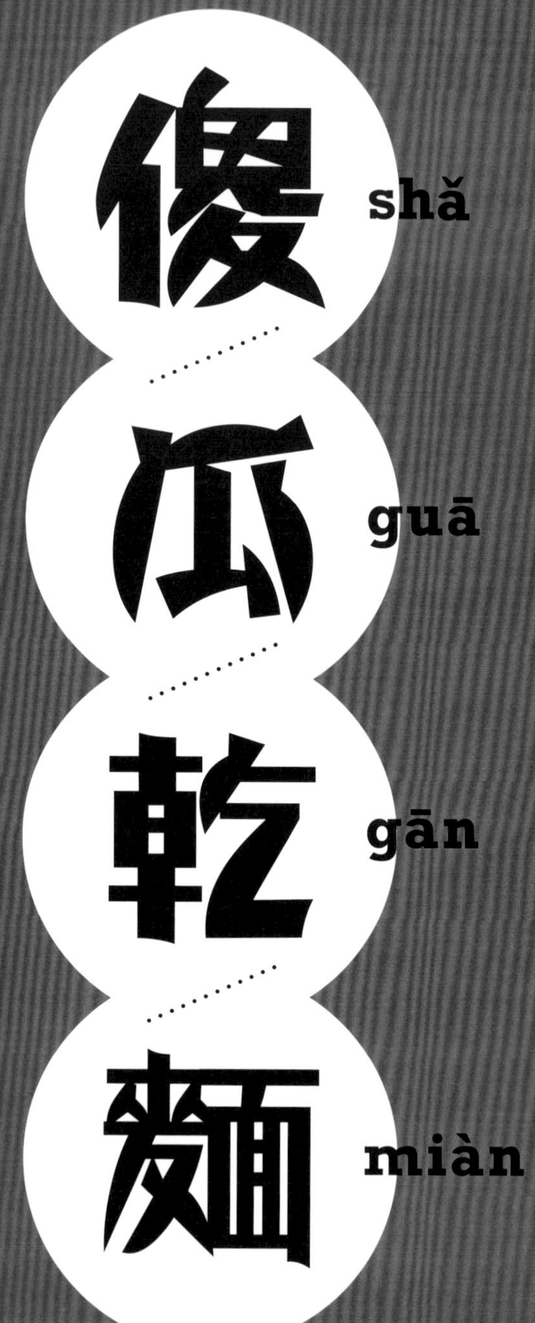


# Fuzhou Noodles

臺灣

| NAME | 傻瓜乾麵、福州乾麵 |
| --- | --- |
| FEATURE | 圓身白麵＋烏醋、辣渣 |

## 福州乾麵為什麼到了臺灣稱為傻瓜乾麵，到底誰傻瓜？

看似越簡單的事，背後就越不簡單，
如此純粹的麵想要脫穎而出，就得更往細節裡走才行，
看這款一青二白乾麵如何奔馳在福州、臺灣與馬來西亞之間呢？

### 詩巫

| | |
|---|---|
| LOCATION | 馬來西亞砂拉越 |
| NAME | 乾盤麵 |
| FEATURE | 圓身白麵＋紅麴糯米酒 |

### 福州

| | |
|---|---|
| LOCATION | 中國福建 |
| NAME | 拌粉乾 |
| FEATURE | 粗米粉＋辣椒醬、香醋、蝦油 |

# 傻瓜乾麵的大千世界

我想很難再找到比傻瓜乾麵更「純粹」的麵了，純粹到元素只有——麵條、蔥花、豬油、醬油（或蝦油、鹽水）。

看似越簡單的事，背後就越不簡單。麵要夠熱才拌得開，要瀝得夠乾，殘存的麵水才不致稀釋醬汁的味道；麵條是主體，要扎實有咬勁且能掛汁；豬油是基底也是靈魂，要香要乾淨要新鮮才行，拌麵瞬間油香自碗底隨熱氣翻騰，把整張臉都蒸暖了，這種自嗅覺開始的感動只有自己清楚；且蔥花不能多，僅能當配角，不是店家小氣，多了就喧賓奪主而成了蔥花麵。

如此純粹的麵想要脫穎而出，就得更往細節裡走才行，煮一碗好麵，容易嗎？舉例來說，臺北開業五十多年、傳至第三代的樺林，至今仍自製豬油、自煉辣油，控制煮麵的麵量，維持麵條的彈性，沿用瓷碗而不用塑膠碗，連拌麵重要的工具——筷子都有四款可選。而臺北林家、中原、南門福州傻瓜乾麵幾家老店也各有各的擁護者，誰才是「天下第一傻」？有機會倒是可以來個票選。

傻瓜乾麵最特別的地方，也在於自助性頗強（或自由度頗高），食桌上的烏醋、醬油（早年用蝦油）、白醋、辣油、香油、辣渣，可根據自己的喜好選搭組合與調整比例，

臺北前南門市場旁的福州傻瓜乾麵店，牆上還列有使用說明書，讓食客參考服用，創造出自己版本、獨一無二的傻瓜乾麵。

傻瓜乾麵除了調味變化無窮，吃法也多樣。有人採階段性吃法，先吃幾口原味麵，加了醋汁感受酸韻，剩最後幾口滴入辣油收尾，前輕後重、多重層次，滿足啊。

想要拌其麵，必先利其器。臺北樺林乾麵，提供木筷、塑膠筷、不鏽鋼筷、免洗筷四款筷子，讓客人依照喜好選擇。

## 福州有三種乾麵

福州人素來以三把刀走天下——菜刀、剪刀、剃刀。也就是福州人擁有一技之長，擅長擔任廚師、裁縫師、剃頭的工作，適應性強、易於謀生，是福州人勇闖天下的理由所在。只是性格較為保守，到了外地多數只求自給自足、安穩度日，同樣落腳臺北大稻埕，就不若同為福建的泉州人有做大生意的野心。

福州在臺灣的移民人數雖不比泉、漳人多，但對臺灣部分行業是很有影響力的，餐飲就是其中之一。到福州找傻瓜乾麵一直是我的心願，當我第一次到福州時，問過福建省烹飪協會副會長林量，也問過一些當地廚師：「福州有沒有傻瓜乾麵？」不但沒人聽過，還有人惱怒：「你們說福州乾麵是傻瓜?!」

幾年後再次踏上福州土地，獨行之路忐忑不安，想我隨著福州移民的腳步，在臺灣吃到了傻瓜乾麵、在東馬來西亞的詩巫吃到了福州乾盤麵，原鄉的會是什麼樣的呢？人海茫茫，上哪找傻瓜乾麵？真的能找到嗎？幸虧抵達福州前，聯繫上了素昧平生福州日報社《家園》編輯部總監陳珺，她從事福州飲食紀錄多年，我直覺：「這下找對人了！」我一下高鐵就直奔報社，她告訴我：「福州不僅有乾麵，還有三款不同乾麵。」並提供了相關店家、地址給我，我便開始了乾麵的尋親之旅。

臺灣獨稱福州乾麵為「傻瓜乾麵」。

## 拌麵扁肉

招牌上往往寫著「拌麵扁肉」，是一款扁身薄麵，調醬是豬油、醬油、花生醬、撒蔥花，拌麵通常配扁食湯來吃。——我看到的剎那暗暗吃驚，那不就是臺南鹽水意麵的麵體！不過味道更純樸，上面撒一點鹹菜與蔥花，醬汁味道像麻醬麵。

## 拌麵

單純的「拌麵」，是一款圓身黃麵，加豬油、醬油、花生醬，搭燉罐（一種隔水蒸的湯）吃。——麵體是對了，但味道比較接近麻醬麵。

福州拌麵的標配是燉罐，值得一提的是，它接近彰化特色的燉露湯。蒸爐裡有一盅一盅不同主題的湯品，湯裡的食材經過處理過後，如排骨醃過炸過、豬腸清洗煮熟等，再把食材放入小盅裡，灌入高湯蒸煮。

# 福州三乾：拌粉乾、拌麵、拌麵扁肉

3

## 福州拌粉乾
## 通常搭著「鮮撈」吃

鮮撈是福州近二、三十年很流行的吃法，在一個開放式的冷藏櫃裡，擺著豬內臟、牛內臟，海鮮類的花蛤、蚵仔、魷魚等，可以自由挑選，店家就把你選好的食材，放入高湯裡汆燙，放入碗中再注入高湯，因而稱之為「鮮撈」。拌粉乾本身清淡，跟鹹鮮類的鮮撈湯是很好的搭配。我在當地吃了鰻魚鮮撈搭拌粉乾，鰻魚湯令我驚豔，滋味非常鮮美。

## 拌粉乾

這個「粉」指的是粗米粉，通常只用豬油跟蝦油調味，搭配鮮撈湯。長樂市（福州的轄區之一）吃得到麵條版而不是粗米粉，可能是最接近傻瓜乾麵的版本。——我試了拌粉乾，味道就是完全的傻瓜乾麵，而且桌上有各式調味料斟酌調味。特別的是，店裡除了拌粉乾也賣「乾拌麵」，就是店裡除了粗米粉也有麵條，但乾拌麵就還是麻醬麵的調味，不是用豬油跟醬油的調味，兩者壁壘分明。

吃到拌粉乾時，內心有種「就是這個味道」的感動，快樂地把粗米粉拌開，嗅聞撲鼻而來的熱氣，就在這時，腦海閃過一個念頭：我才是那個傻瓜吧！千里迢迢跑到福州來找「家鄉味」，到底哪個是原鄉、哪個是他鄉呢？

# 詩巫把乾拌麵 發揚光大

詩巫若有一千家茶室（Kopitiam），就有一千家乾盤麵，每間都有自己的調味特色（圖為家家樂飲食坊）。

如果要找尋福州乾麵的蹤跡，那麼一定少不了馬來西亞詩巫（Sibu）。以現代交通來看都不算便利的地方，福州人卻是首先抵達詩巫開墾的人。1901至1903年間，在福州閩清人黃乃裳的帶領下，共有上千名福州人來到詩巫，他們透過農墾、樹膠、木材等事業，奠定了詩巫[1]，乃至整個砂拉越的經濟基礎，現在詩巫的福州移民後代總共約九萬人，方言仍是福州話。

福州人也把福州食物帶進詩巫，乾盤麵就是其中的代表。想吃乾盤麵，除了專賣店外，在一般茶室或咖啡店裡也吃得到。當地福州移民後代告訴我：「詩巫若有一千家茶室（Kopitiam），就有一千家乾盤麵。」意思是說，當地人是離不開乾盤麵的，茶室若不賣乾盤麵，顧客就不上門，可要少掉好多生意。

當地人多數相信「乾盤麵」是源於乾拌麵的諧音，再加上均用盤子盛裝，成了名符其實的盤子乾麵，簡稱「乾盤麵」。最傳統的乾盤麵是用豬油、鹽水拌之，豬油用來拌麵，因製造豬油而產生的豬油渣，則用

詩巫當地人是離不開乾盤麵的，茶室若不賣乾盤麵，顧客就不上門（圖為定定來茶室）。

1《馬來西亞：多元共生的赤道國度》（2019），P.313｜廖文輝｜聯經出版社

來夾福州光餅吃，十分物盡其用。

不同於福州跟臺灣，詩巫乾盤麵料多了幾片叉燒，至於調味上，乾盤麵不淋烏醋，而是淋桌上放紅糟糯米酒，味道也相當棒，有點石成金效果，提升整體味道。

另外，乾盤麵可自行加入黑醬油與參峇醬（當地的辣椒醬），黑醬油是馬來西亞華人的愛，炒粿條、福建麵、哥羅麵等很多食物都會用到黑醬油，黑醬油主要用來上色，當地人認為顏色深才美味。原是福州的乾拌麵，在異國的風土之下，一結合就變成獨一無二的變異版，帶了一點撩人的重口味，讓人忍不住一口接一口。

## 只有臺灣人稱「傻瓜乾麵」

「傻瓜乾麵」還有另一個名稱，那就是「福州乾麵」，證實了乾麵的出生地。福州乾麵是如何變成傻瓜乾麵的呢？說法多種，包括：麵點看起來太簡單，只有傻瓜才會點來吃；或是臺語的「煠偌麵（sȧh-guā-mī）」，意思是煮些麵，音近「傻瓜麵」而產生等。

「傻瓜乾麵」四字上報，初見於1998年《中國時報》[2]，報導指出小南門傻瓜乾麵創辦人邱石蓮一手打下傻瓜乾麵的名號，因為「比陽春麵還陽春，食客一看常有上當受騙感覺，簡直像是「傻瓜吃的麵」而得名。

樺林乾麵第三代負責人林國棟告訴我，他從福州籍祖父林貞佑那裏聽來的版本：國民政府來臺後，幾位福州人在臺北建中附近開麵館討生活，因為建中學生都理平頭，每個人看起來都長得一個樣，老闆經常搞不清楚到底收過了誰的錢？於是學生常笑稱：「要不要去傻瓜開的那家麵店吃？」久而久之就傳成了傻瓜乾麵。

傻瓜乾麵不僅吃法多，連由來的版本都很多，而不管到底哪個版本才正確，都只有臺灣人才會把福州乾麵稱作「傻瓜乾麵」。

2 洪茗馨（1998-06-16）｜傻瓜乾麵 聰明人吃出美味。《中國時報》

# 三地福州乾麵比較

選我選我，味道隨你自己調！

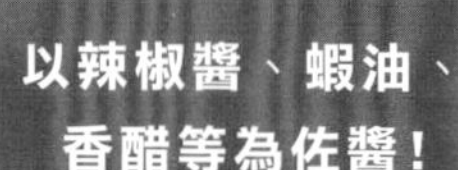


LOCATION 福州

NAME 拌粉乾

族群 福州人

基底 蝦油、豬油

本體 粗米粉

配搭 燉露、鮮撈湯

詩巫乾盤麵的配湯有的是肉丸湯，有的是加入一點焦蔥的大骨清湯，我還見過配咖哩湯版本。

添加紅麴糯米酒

LOCATION 馬來西亞詩巫

NAME 乾盤麵

| | |
|---|---|
| 族群 | 福州移民 |
| 基底 | 豬油、鹽水（部分摻黑醬油） |
| 本體 | 圓身白麵 |
| 配搭 | 肉丸湯、大骨湯 |

以烏醋、辣渣、辣椒醬為調味！

LOCATION 臺灣

NAME 傻瓜乾麵、福州乾麵

| | |
|---|---|
| 族群 | 福州移民 |
| 基底 | 醬油、豬油 |
| 本體 | 圓身白麵 |
| 配搭 | 蛋包湯、福州魚丸湯 |

# Popiah

## 廈門

| | |
|---|---|
| LOCATION | 中國福建 |
| NAME | 薄餅 |
| FEATURE | 蚵仔高麗菜 兩大代表 |

## 臺灣

| | |
|---|---|
| NAME | 潤餅、潤餅鋏 |
| FEATURE | 北濕南乾[1] 各具特色 |

1《正港台灣味》(2005),P.158 | 楊惠卿 | 上旗出版社

## 馬來西亞

NAME 薄餅

FEATURE 變種潤餅 各有風情

## 同安

LOCATION 中國福建

NAME 薄餅

FEATURE 飯糰概念 扎實飽肚

# 一種可以讀出你身世的食物

每戶人家的潤餅料都不一樣，
一捲潤餅就像沒有文字的族譜，記錄了你身世的密碼，
你是誰？你從哪裡來？不用問算命仙，咬一口潤餅就知道了。

## 泉州

LOCATION 中國福建

NAME 潤餅菜

FEATURE 胡蘿蔔 歷史榮光

## 漳州

LOCATION 中國福建

NAME 潤餅餗

FEATURE 豆乾韭菜 常民滋味

## 潮汕

LOCATION 中國廣東

NAME 糖蔥薄餅

FEATURE 特有甜潤餅

## 潤餅捲的「捲」

臺北RAW餐廳在2020年春季菜單中，有一道「海頭皮・金山寺味噌・山葵」，是以春天吃潤餅的概念所發想的菜色。這道菜共有三吃，一吃冷前菜、二吃手捲葉、三品湯。

高腳杯裡，鮭魚頭軟骨拌入日本和歌山金山寺味噌，味噌本身又加入紫蘇、生薑等一同熟成，有種春天的爽朗，還加了一點現磨芥末，似乎是在延續隋唐時期，五辛盤[2]所講究辛味食材概念，對著味蕾與還在沈睡的一切進行召喚：「是春天，該醒來了！」

第二吃將猶如縮小版荷葉的金蓮葉置於虎口處，再把軟骨味噌擺在葉片上，如捲潤餅般捲起而食。

在臺灣，有些潤餅店會在潤餅以外，免費供應熱柴魚湯，第三吃似乎就是在呼應此吃法，把調味過的金山寺味噌醬放入玻璃杯中，杯緣沾附海苔粉，注入熱高湯後飲用，春天乍暖還寒時節，此熱湯有暖胃效果。這道菜保留潤餅傳統元素，卻又不失現代摩登，而其中「捲」的動作也令我印象深刻，也就是台語中的「餗」，是自己與食物間的一種親密互動，若潤餅少了「餗」，充其量就只是在吃沙拉而已。

RAW 餐廳以潤餅為概念的春季菜色。

## 吃潤餅看身世

吃潤餅是很集體的行為，但捲潤餅卻是很私密。桌上的配料我樣樣都想夾，一心貪念就夾過頭，要不就滿到炸開，要不就弄到皮破汁流，狼狽不堪，好怕被別人識破自己的拙劣，到了第二捲我便心存警惕，放料瞻前顧後，捲是捲起來了，吃起來癟癟虛虛的，過不到癮頭。想要捲得好，關係到放料的多寡、先後順序、使力技巧與速度，

2《逛一回鮮活的宋朝民俗》（2019），P.177 ｜李開周｜時報出版
「五辛盤」指韭菜、蕓薹、芫荽、醃漬大蒜和藠頭，五種氣味辛辣的蔬菜。

捲潤餅不可不慎，最容易讓人看穿了。

然而配料的決定其來有自，你們家的潤餅會放燉爛高麗菜嗎？那麼可能與廈門有關連。林語堂夫人廖翠鳳做的潤餅就放燉爛高麗菜，她正是廈門鼓浪嶼人。你們家的潤餅會放油飯嗎？如果是的話，很可能家族裡有同安人。你們家的潤餅一定會放胡蘿蔔或米粉嗎？那很可能家族來自泉州或惠安。如果你們家的潤餅裡會放大量豆芽菜，那就可能與福州有淵源。

從你們家對潤餅的稱法，也大致能猜出家族的起源。稱「薄餅」的，可能源自廈門、同安；叫「潤餅鋏」的，則多跟漳州人有關；說是「潤餅菜」則多來自泉州、惠安；叫「春餅」的，則可能是福州人。這些稱法在臺灣同時通用，都雜在一塊兒，不過在福建是各地有各地的稱法。

福州日報社《家園》編輯部總監陳珺解釋，福州人的春餅是從立春一路吃到初夏，跟其他地方只在單一節日吃潤餅不同，豆芽菜清爽，春、夏兩季吃都合拍。以現代營養學來看，豆芽菜有豐富維生素C，高纖低卡有助排便，古人吃潤餅講究的是養生智慧，現代人吃潤餅卻多了心眼。

事實上，從潤餅的配料確實能看出一個人的身家背景。

## 蛋絲

蛋是常見潤餅配料，能增加蛋香與柔軟咬感，不過呈現方式各異——有的貪方便炒成碎蛋丁、有的炸成蛋酥添油香，還有的煎成薄皮，再切成寬度一致的細蛋絲。

## 豆芽菜

福州人潤餅是一路從初春吃到立夏，豆芽菜清爽，春、夏兩季吃都合宜。潤餅裡放汆燙過瀝乾的芽菜，優點是能使潤餅不出水又能在咀嚼時帶出汁液，細工的人會把芽菜摘去頭尾而成銀芽。

## 貢糖

廈門人會在潤餅裡夾入碾碎的貢糖，貢糖組成的元素包括麥芽糖、花生與白糖，經過加熱並加工的貢糖，比起單純的花生粉與白糖粉，甜度與香氣都更為細緻。

## 胡蘿蔔絲

泉州人潤餅的主角，泉州自唐朝起，便列為中國的貿易大港之一，泉州早具國際化城市水準，當地人認為潤餅裡放胡蘿蔔，象徵東西方飲食聚匯，且舶來品已內化成當地飲食的一部分。

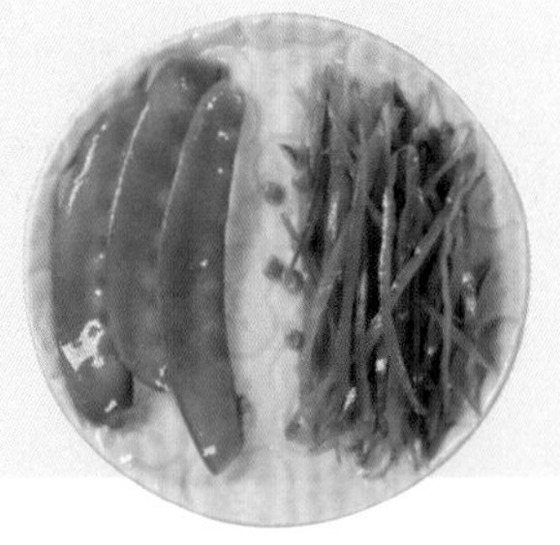

## 豌豆（荷蘭豆）

廈門人也稱荷蘭豆，潤餅配料多半軟爛，荷蘭豆可用來增加爽脆度，為廈門薄餅裡的要角，坊間多半把荷蘭豆對切成半，講究的人會用剪刀剪成細絲。

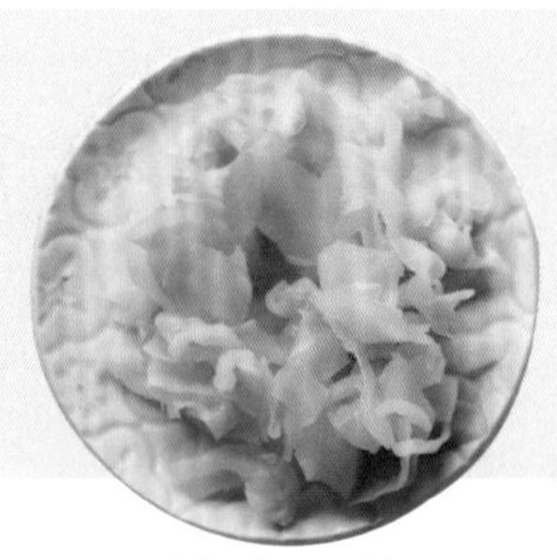

## 燉高麗菜

廈門薄餅裡以放擠乾的燉高麗菜為特徵，高麗菜要去梗留葉，不然會咬到粗硬的纖維，燉好放至隔天，讓味道都滲到葉菜深處了才行，包捲前需擠乾菜汁。

### 糖蔥

糖蔥並沒有蔥，是以白糖、麥芽糖製作而成，因為外型細白筆直中空，空心圓之外又圍繞著16個小孔，外形似蔥而名「糖蔥」，一咬即碎裂四散，潮汕人嗜甜，連潤餅也吃甜的。

### 皇帝豆

此為臺南潤餅的代表印記，未見於臺灣其他地區。一般白水煮開食用，有的連皮吃，纖維含量高；有的人會脱除豆皮只吃豆仁，有較好口感；還有人會用醬油、糖煮皇帝豆，使入鹹甜味。

### 滸苔

滸苔是一種藻類，生長於淡海水交接處的潮間帶，説明了滸苔與廈門島的獨特關連性。滸苔拌炒至酥加點白糖，口感香甜酥鬆，成為好吃潤餅不可或缺的重點。

## 潤餅常見配料

**潤餅自五辛盤演變至今，配料與吃法變得更加豐富，共由三大要素組合而成，**
**一是配料，如蛋絲、芹菜等；**
**一是調料，如花生粉、糖粉等；最後一種是醬料，如甜辣醬、芥末醬等，**
**各司其職，缺一不可。**
**從捲些什麼材料，即可知悉你的身世與品味喜好。**
**你的潤餅想加什麼配料呢？**

### 蒜苗白

潤餅裡至少一款辛味的食材搭配，增添氣息與味道上的變化，通常會出現的除了切細的生蒜苗，還可能有香菜、韭菜、芹菜，雖然不是主角，卻是不可少的配角。

## 從潤餅看家世

沈嘉祿在《上海人吃相》裡講到一個故事：一個富人收養了一個街頭流浪兒當義子，給他穿新衣、教他吃大菜，就是想讓他脫胎換骨，在他十八歲那年還辦了派對，他表演彈奏鋼琴，還跟一些千金小姐跳舞，得意洋洋。

等宴席開始時，他拿起筷子朝自己胸前一戳，對對齊。一個不經意動作，馬上被眼尖的上海老太婆識破，說：「這小子是乞丐出身。」怎麼說呢？因為叫花子流浪街頭討飯吃，哪來桌子、凳子，筷子還長短不成套，只能在自己胸口上對齊。

潤餅不是一道菜，而是同時做出十多道菜，每道菜都各有處理工序，是工藝的表現，內行看門道、外行看熱鬧，從潤餅的配料便能一眼看穿一個人的出身。

呂春梅是臺北大稻埕人家的媳婦，她的公公是福州人，潤餅裡放的不是芽菜，而是一根根摘去頭尾的銀芽。蛋也是關鍵，煎成比潤餅稍厚的蛋皮，再切成寬度一致的蛋絲，不會為了貪方便而用炒蛋碎丁。

廈門人對潤餅是否講究，從細節裡可以看出端倪，1930年出生於廈門的周美容說，從小吃「美人薄餅」長大，那攤最有名，「潤餅配料多半軟爛，荷蘭豆用來增加脆感，用剪刀剪得細如髮絲。最重要的是扁魚，扁魚用來吊味提鮮，豆乾是用來吸蔬菜裡的水分，三層肉用來添油氣。」

燉高麗菜亦可看出端倪，高麗菜要去梗留葉，不然會咬到粗硬的纖維，把高麗菜、芹菜、蒜苗炒到出水，放至隔天更好，總之要讓高湯

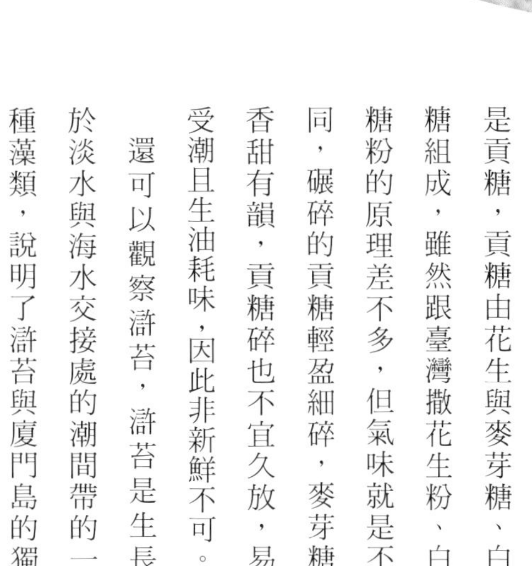

潮汕的甜派糖蔥薄餅。

看得出來是什麼嗎？

都滲到葉菜裡才行。另一個要角就是貢糖，貢糖由花生與麥芽糖、白糖組成，雖然跟臺灣撒花生粉、白糖粉的原理差不多，但氣味就是不同，碾碎的貢糖輕盈細碎，麥芽糖香甜有韻，貢糖碎也不宜久放，易受潮且生油耗味，因此非新鮮不可。

還可以觀察滸苔，滸苔是生長於淡水與海水交接處的潮間帶的一種藻類，說明了滸苔與廈門島的獨特關連性。廈門黑明餐廳主廚張淙明說滸苔作法，要用肉油抹鍋，開火放下滸苔熱拌，拌到外層變酥，加點白糖、油蔥酥持續翻拌至乾，稍有不慎就焦了、出油，炒熟的滸苔也要趁鮮使用，不可久放，潤餅要好吃，少不了好的滸苔。臺灣在兩岸分治後，有段時間滸苔取得不易，人們改以加工的海苔粉取代。

除了工細，闊氣也是要的，展現大稻埕人的氣派，呂春梅夫家的潤餅配料還有烏魚子，大稻埕是南北乾貨的集散地，多得是深藏不露的有錢人家，車輪鮑是切塊吃、魚肚當膨皮吃，烏魚子算不上什麼。福州人說「無燕不成宴、無燕不成年」，一般人家潤餅會搭肉骨湯或柴魚湯，呂春梅夫家搭的是肉燕湯，肉燕是工藝小吃，細工程度自然不同。

3 1947 年《廈門大觀》亦提到：「美人薄餅：薄餅（即春餅）在廈製作最著名，蓋因蝦、蠔、魚等原料較他處為新鮮也。」該店已停業。

# 變種潤餅 各自演繹

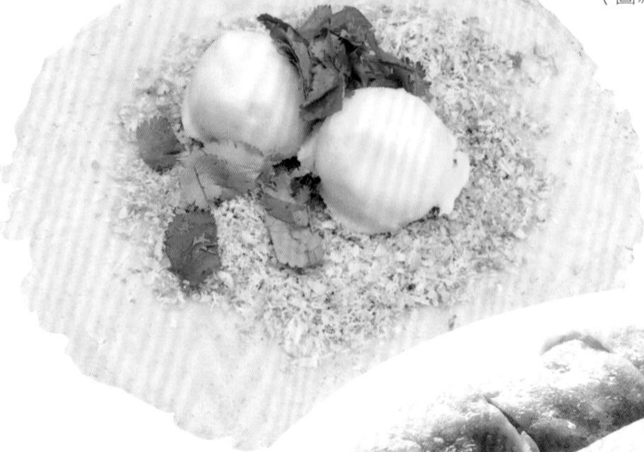

臺灣也有甜潤餅，那就是夜市裡的「花生捲冰淇淋」。（圖為臺北饒河夜市攤）

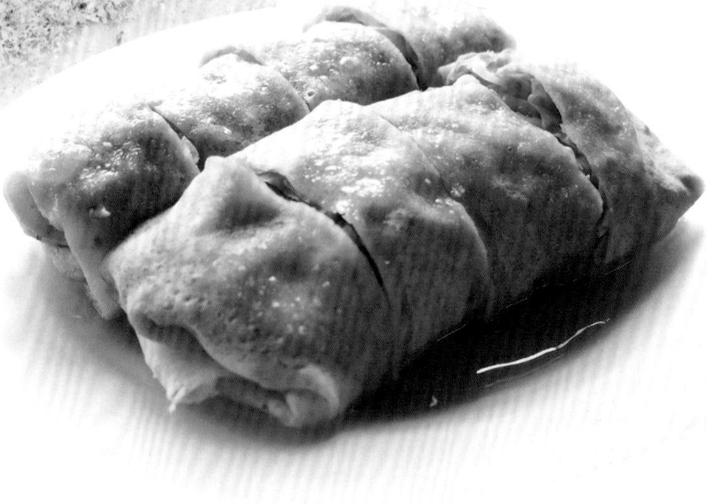

馬來西亞還有濕派的湯薄餅。（圖為太平拉律馬登熟食小販中心64號）

潤餅配料豐儉由人、自由隨性，深受人們喜愛，版圖至少跨歐亞洲。隨著移民者的腳步，潤餅來到臺灣與東南亞各國，在印尼、新加坡、泰國、馬來西亞等國都吃得到，然而在風土條件、歷史背景差異等因素下，潤餅出現了流變。

　馬來西亞由馬來人、華人與印度人三大族群所構成，華人所吃的潤餅也受嬤嬤（Mamak，印裔穆斯

薄餅要切段吃喔！

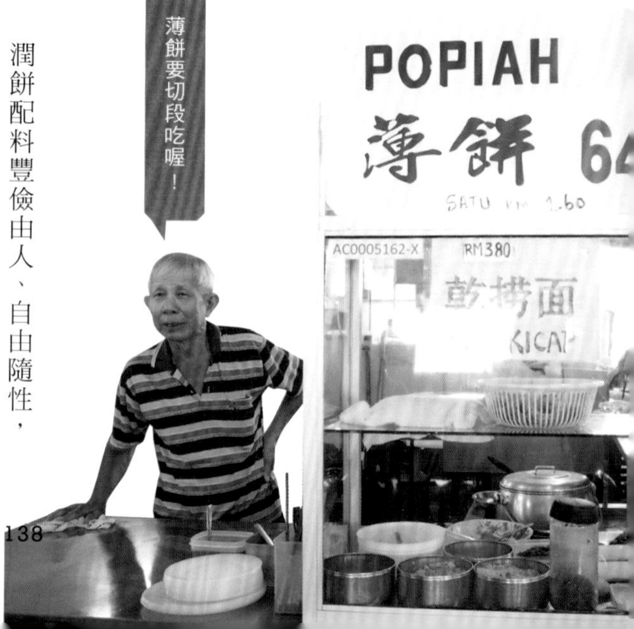

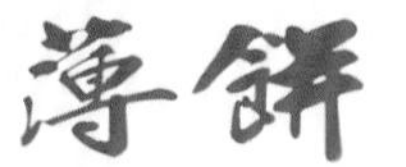

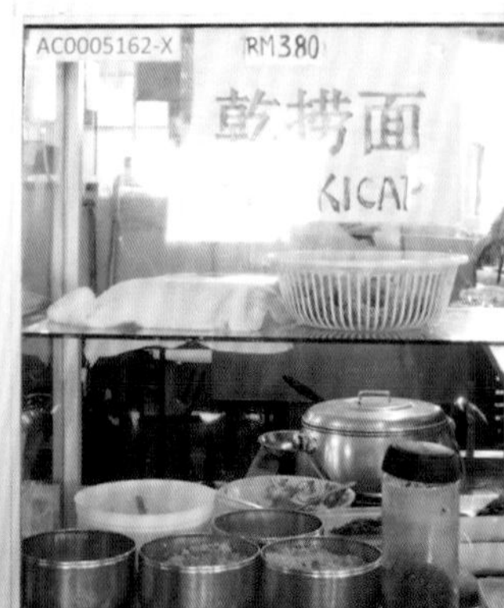

林）、馬來人青睞，各自演繹出自己族群口味的潤餅。又如印尼，當地曾是荷蘭殖民地，二戰後印尼獨立，許多印尼人或華裔印尼人移居荷蘭，炸的潤餅（荷語loempia）也就一腳跨到了歐洲去。至此，潤餅配料與吃法也改變了。

中國大陸的潤餅講究熱吃，有的店家捲完後放微波爐裡加熱，我像拿到一根滾燙的棒子，我問他們：「這麼熱怎麼吃？」他們回我：「不熱怎麼吃？」周美容說在她成長年代，約莫1940年時的廈門潤餅是熱吃的，配料底下擺小炭爐，始終在加熱狀態中，我猜想現代店家為節省燃料，而把餡料放在常溫下，又為保有熱吃的傳統，才在最後一步把潤餅放入微波爐加熱。

華人潤餅也影響了馬來人與印裔穆斯林。（左）馬來式薄餅。（右）嬤嬤式薄餅。

在馬來西亞，華人潤餅是切段吃的。我想著：「切段怎麼吃？」他們想著：「不切段怎麼吃？」而我們處心積慮不要弄濕潤餅，在馬來西亞卻出現把潤餅泡在湯裡的湯潤餅。既然有鹹潤餅，自然演變出一派甜潤餅。潮汕人嗜甜，糖蔥潤餅當仁不讓；金門人吃貢糖潤餅、臺灣還有冰潤餅，也就是夜市裡常見的花生捲冰淇淋。

## 潤餅是沒有文字的祖譜

潤餅備料需要一大清早或提前一天準備，必須動用到幫手，老一輩的沒力氣做、小一輩的沒時間做，潤餅料慢慢一切從簡，一年少一味，幾年下來就走味了。隨著時空背景改變，潤餅逐漸失去與家族的連結性。

我朋友的爺爺是福州人，從事裁縫生意，上海是中國服裝界流行先驅，他在內戰前很長一段時間到上海取經，作風洋派也愛做菜。我朋友回憶：「爺爺做的潤餅一開始放豆芽菜，到上海後眼界大開，對飲食亦更加講究，嫌豆芽菜寒酸，改放切絲的高麗菜，後來又因為生活忙碌，嫌切絲瑣碎麻煩，改回放豆芽菜。」

（右）泉州潤餅有大量的胡蘿蔔絲。（左）潤餅看似一道菜，實則為十幾道菜的組合。

朋友爺爺的潤餅裡放豆芽菜，代表的正是福州人的符碼；第二次再放豆芽菜卻是圖方便，豆芽菜的意義在同一個人的身上已經脫鉤了，更何況經手到第二代、第三代呢？

雖然坊間還有不少潤餅攤，但總有一、兩樣是自己家裡一定會放的配料，那是家族情感，不可被取代。我們決定把有家族記憶的食物交由攤商決定嗎？任由他們放罐頭鮪魚、玉米粒、起司或泡菜？我們在大江大海裡顛沛流離，並非每個人都有機會留下族譜，而潤餅正是沒有文字的族譜。

## 馬來西亞潤餅風景

### 馬來西亞華人的湯薄餅

以為潤餅怕濕嗎？馬來西亞人喜吃加湯汁的薄餅，多澆淋豆薯、魷魚乾熬煮的湯汁。

### 娘惹版薄餅（娘惹金杯）

一說是華人潤餅的變種，把潤餅的配料放到油炸小杯裡，以手取食，可免配料掉落。

### 印裔穆斯林（Mamak）版薄餅

印度嬷嬷薄餅（Mamak Popia），「Popia」發音與「薄餅（Po-Piah）」幾乎一樣，根據發音能相信是中式薄餅變形的證明。先抹一層厚厚如油漆般的辣椒醬，接著撒上豆芽菜、薑黃豆薯、炸紅蔥頭，約手指粗細，捲起後在筒狀上頭再塗抹一筆辣醬，甜辣有個性。

### 馬來版薄餅

潤餅藉由華人之手傳到馬來西亞，也影響了當地的馬來人，馬來人的潤餅配料不會有豬油渣或豬肉片，強調醬料的比重。

LOCATION 廈門

NAME 薄餅

**特色主料** 燉高麗菜、蚵仔、滸苔、貢糖

**配料** 荷蘭豆、胡蘿蔔、三層肉、蝦仁、冬菇、筍、芹菜、豆乾、蒜苗、香菜、蔥等

我的醬料是黃芥末、廈門辣醬。

我是甜的！

LOCATION 潮汕

NAME 糖蔥薄餅

**特色主料** 糖蔥

**配料** 龍鬚糖、花生粉、香菜

LOCATION 漳州

NAME 潤餅餗

**特色主料** 豆乾、春筍

**配料** 高麗菜、三層肉、胡蘿蔔、蛋、韭菜等

漳州潤餅要熱熱吃！

LOCATION  臺灣

NAME 潤餅、春餅
潤餅餗、潤餅菜

**特色主料** 各地不一

**配料** 豆乾、高麗菜、蛋、菜脯、花生粉、糖、豬肉、酸菜、胡蘿蔔絲、香菇、豆芽菜、皇帝豆等

# 潤餅大觀

LOCATION 泉州

NAME 潤餅菜

**特色主料** 胡蘿蔔絲

**配料** 蒸(或炸)米粉、豆芽菜、花生碎、三層肉、高麗菜、海苔等

LOCATION 同安

NAME 薄餅

**特色主料** 油飯(實際是鹹飯)

**配料** 飯裡有豬肉絲、香菇、蝦乾、蠔乾等；另有燉煮瀝乾的蒜苗、芹菜、胡蘿蔔、葉菜類等

LOCATION 福州

NAME 春餅

**特色主料** 豆芽菜

**配料** 胡蘿蔔絲、韭菜、醃筍乾、蟶肉、榨菜等

# mī hún tsian
# 麵粉煎
# Turnover Pancake

馬來西亞

| NAME | 慢煎糕、曼煎糕、<br>慢煎粿、大塊麵等 |
|---|---|
| FEATURE | 造型最多樣 |

臺灣

| NAME | 麵粉煎、麥仔煎、麵煎粿、<br>三角餅、麵煎爹等 |
|---|---|
| FEATURE | 名稱多樣 |

## 叫法千百種 人見人愛的街頭點心

麵粉煎是一種平凡但不可忽視的存在，
舉凡臺灣、中國閩南地區、香港、新馬、印尼等地都吃得到的街邊點心，
並且變化出各種樣貌，有厚如棉被、有薄如紙張，有大如桌面、有小如手掌，
它以最不張揚的方式，撫慰了各地人們的片刻時光。

### 泉州

| | |
|---|---|
| LOCATION | 中國福建 |
| NAME | 滿煎糕 |
| FEATURE | 古法自然發酵<br>放鹼加持 |

### 漳州

| | |
|---|---|
| LOCATION | 中國福建 |
| NAME | 麵發粿、麵煎粿、<br>慢煎粿 |
| FEATURE | 油炸織餅<br>作法獨特 |

### 廈門

| | |
|---|---|
| LOCATION | 中國福建 |
| NAME | 滿煎糕 |
| FEATURE | 口味傳統 |

遊歷各地的麵粉煎，無論高矮胖瘦全要對折，猶如一種識別，麵粉煎的馬來文叫「Apam Balik」，「balik」就意指對折、折返（圖為馬來西亞的慢煎糕）。

## 吃麵粉煎也要選部位?!

現在在臺灣街頭偶爾可以見到麵粉煎的攤子，這勾起了我的回憶，三十年前我在臺北南陽街補習，最愛下課到攤車吃麵粉煎，由於攤子沒有招牌，說餅也不像餅那麼薄脆、說蛋糕也不像蛋糕那麼鬆軟，總是跟人說「那個像蛋糕又不像蛋糕的餅」，我很喜歡它的嚼勁，而且只愛紅糖口味。

麵粉煎被視為「泉州名小吃」，相當受到泉州人的推崇，是一個好吃又好看的食物，好看的是製作過程。在平鍋上倒入麵糊，接著蓋上鍋蓋，當再次掀蓋時，麵糊表層受熱膨脹後，開始出現大大小小孔洞，撒下的糖粉遇熱融化，就滲

### 麵粉煎製作過程 好吃又好看

在平鍋上倒入麵糊。

麵糊膨脹受熱後，撒上喜歡的口味（傳統是黑糖或花生）。

到麵團的孔洞裡去，接下來對折成半圓形，別小看這個對折，遊歷各地的麵粉煎，無論高矮胖瘦全要對折，猶如一種識別，麵粉煎的馬來文叫「Apam Balik」，「balik」就意指對折、折返。

對折後的麵粉煎從圓心處放射狀下刀，它肥厚的身形、緊繃的麵體攤露眼前，難怪有人會稱它「三角餅」，因為每片都會呈現三角扇形。老闆問我：「要中間還是旁邊？」我當然要中間，餡料飽滿無死角，一咬下，糖漿還要從邊緣溢出來一點點，真好吃。

近年遊歷各地，發現麵粉煎版圖相當大，並且給它起了不同名字，而不論在何地、用什麼名稱，它總是以最不張揚的方式，在街頭的某個角落裡溫暖地存在著。

煎熟後，對折切片

糖粉遇熱融化，滲透到麵團的孔洞裡。

在漳州，也有一款和臺灣麵粉煎作法、長相幾乎相同的甜點，稱為「麵發粿」。

## 各地版本風景大不同

### 漳州的慢版慢煎粿

漳州慢煎粿曾登上2016年《福建餐飲》雜誌的福建十大名小吃之一，可見它的重要性。然而它雖名為「慢煎粿」，聽起來跟其他地區稱為「麵煎糕」、「曼煎糕」好像差不多，但它的作法、口味、配料都不同，甚至可能根本不是同一種點心[1]。

漳州慢煎粿作法奇特，米漿與麵糊調勻後，持長木棍一點一滴甩漿入油鍋，只見油鍋裡四處冒著細碎油泡，粉漿逐漸成形，一滴成形了再甩下一滴，慢慢結成網狀，拋灑要均勻、有層次，之間充滿交錯的空隙，有點像沙其馬那樣，等到底殼完成後再敷上配料，這考驗著耐心跟工夫，平均作出一片要三十分鐘，說是「慢」煎粿是最名符其實的啊。

雖然做一片很花時間，不過做好一片可以分切成一、二十塊，一般客人只買個一、兩塊，一大片可以賣很久。漳州人習慣在舖子前擺小桌泡茶，只見老闆煎好了一片就坐下來跟朋友在店頭泡茶，等賣得差不多了再起身做下一片。

慢煎粿厚約6公分，拿在手上只比麻將大一點，吃起來外層酥脆有空隙感，但手一按就會出油，中層類似羊羹口感，還有點黏牙，有甜鹹兩款。

1 漳州也有一般常見的麵粉煎，稱為「麵發粿」。

## 馬來西亞的快版慢煎糕

既然有慢版，自然也有快版，最忙的攤主以馬來西亞的莫屬。馬來西亞華人的慢煎糕分兩種，一種是普遍常見的那種棉被版，一種是薄片版。薄片版化整為零，一個大鍋化成六到八個巴掌大的小鍋，這個好處是具機動性，且更能達到客製化效果，比起棉被版更受歡迎。

為了加快凝固速度，每個小鍋倒入麵糊後要蓋上小蓋，很多攤主都還維持傳統炭火製作，每個爐火力不大相同，所以要進行移鍋以免烤焦，有時還要添炭撥鬆，還要不時掀蓋觀察凝固狀況。有的人配料要加蛋、有的人要加玉米醬、有的人什麼都不要加，光是這些條件組合在一起，還要交貨找零，就知道有多忙了吧！只見攤主不斷把小鍋搬來換去、掀鍋蓋鍋，鏗鏗鏘鏘，就像在進行一場打擊樂器秀。

上圖屬薄片版、下圖屬棉被版。

## 福建漳州慢版慢煎粿

米漿與麵糊調勻後，會先以長木棍一點一滴甩漿入油鍋，使其慢慢結成有如沙其馬的網狀，底殼完成後再下配料，平均做一片要三十分鐘，是名符其實的「慢」煎粿。

**File** | **TURNOVER PANCAKE**

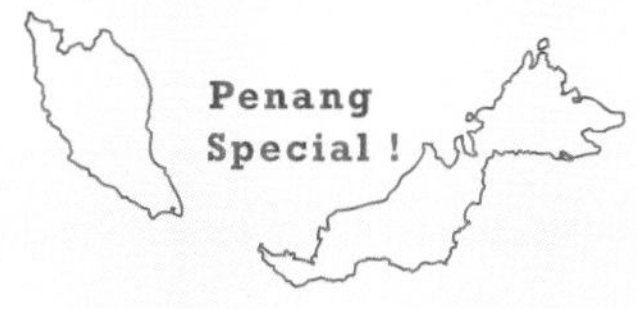

## 馬來西亞檳城快版

馬來西亞薄片版的慢煎糕，多以炭火製作，小鍋如巴掌大，需因應爐火不同時常移鍋，以免烤焦，製作者得不時掀蓋移鍋、放配料弄包裝、交貨找零，一刻都不得閒，鏗鏗鏘鏘，有如觀看一場打擊秀。

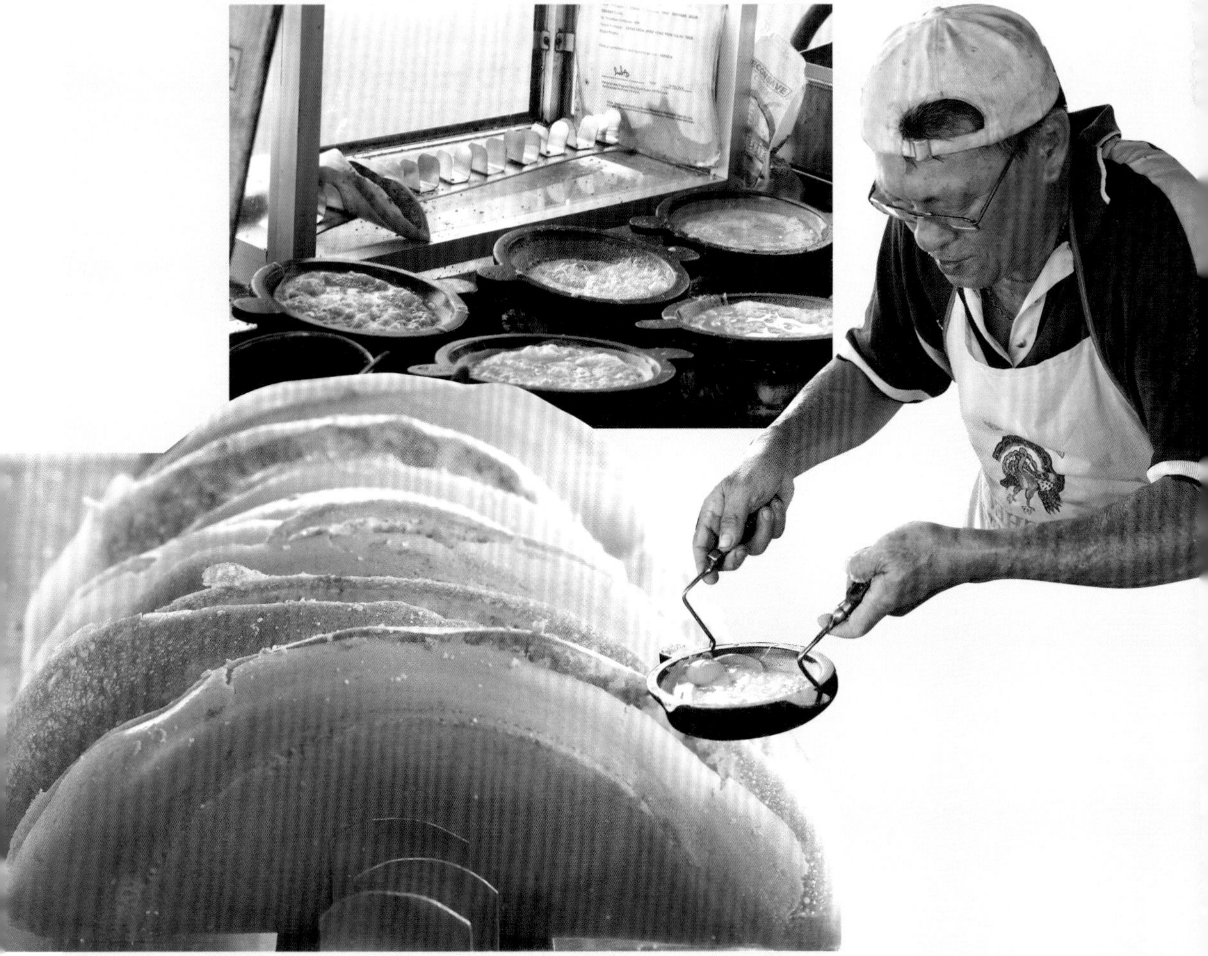

## 馬來西亞麵粉煎版圖大、變化多

麵粉煎隨著華人腳步來到馬來西亞，簡直百花齊放的狀態，稱法也各地不同：在北馬檳城稱為曼煎糕（Ban Chang Kueh）、慢煎糕；到了中馬怡保稱為大塊麵，霹靂州的廣東移民稱它肥豬肉；到了南馬、新加坡等地稱為「面煎粿」，還有人因為諧音關係，笑稱這個叫「夢見鬼」。

我在檳城同時見到五款很像麵粉煎的食物，分別是華人曼煎糕、**Apam Balik** 與 **Apam**、**Apom Manis**、娘惹 **Apom**。前兩者使用麵粉，由華人傳入馬來西亞；後三者是從南印度傳到馬來西亞，再融合在地化後的食物，以米漿與椰漿製作[2]。

檳城浮羅池滑早市攤車賣的曼煎粿，像蛋殼瓷薄可透光，料不貴但工很珍貴。

一般常見的慢煎糕無論大小都是對折款，在馬來西亞太平巴剎難得見到捲版，也很有意思。

其中 **Apam Balik** 是屬於薄版曼煎粿，現代人不愛吃太多澱粉，麵糊盡量能少就少，它脫離了對發糕嚼感的依戀，講究俐落、薄脆，尤其是圓邊處，吃起來像雞蛋糕的焦邊。

在檳城浮羅池滑早市攤車賣的曼煎粿，攤主還接受訂製超薄款，用小鐵片趁麵糊還將凝未凝之際，把邊緣跟底部的麵糊刮掉，這樣說實在有點煞風景，不過那有點像在刮腳皮，厚度只有 **1mm**，像蛋殼瓷薄可透光，料不貴但工很珍貴，有點捨不得吃呢。

2《知食份子1》（2011），P.160-183 | 林金城 | 木言社

南印度移民把陶鍋版的Apom Manis帶到馬來西亞，像是印度版麵粉煎，但嚴格來説，不能稱麵粉煎，因為沒有使用到麵粉。這家在檳城瑞江茶餐室門前開業已有百年歷史，至今仍維持炭火製作，用料只有發酵的米漿、椰奶、蛋。

為避免焦掉，要不斷快速移動陶鍋，而陶鍋沈重，容易破裂、燙手，如今多數店家都改用小鐵鍋取代，想吃陶鍋版的僅有此店。

LOCATION 臺灣

NAME 麵粉煎、麥仔煎等

傳統內餡 甜版：紅豆、花生、芝麻、紅糖
鹹版：高麗菜、鹹菜花生、韭菜

款式 厚、超薄兩款

廈門口味、厚度和臺灣最接近。

LOCATION 廈門

NAME 滿煎糕

傳統內餡 花生、芝麻、紅糖

款式 厚、薄

鹼味最重！泉州人對鹼味的接受度高，即使小蘇打問世也不改變。

LOCATION 泉州

NAME 滿煎糕

傳統內餡 花生、芝麻、紅糖

款式 厚、薄

通常會先抹一層奶油，再撒上糖粉或花生粉。

**LOCATION** 馬來西亞

**NAME** 大塊麵、Ban Chang Kueh、慢煎糕、曼煎糕、慢煎粿、Apam Balik

**傳統內餡** 糖、花生粉、椰絲、玉米醬（麵糊有的會加入椰奶、班蘭葉）

**款式** 厚、超薄兩款

**LOCATION** 漳州

**NAME** 麵發粿

**傳統內餡** 芝麻、花生

**款式** 厚

**NAME** 慢煎粿

**傳統內餡** 甜版：冬瓜碎、芝麻、紅糖、桂花露
鹹版：蝦米、肉、香菇

**款式** 特厚

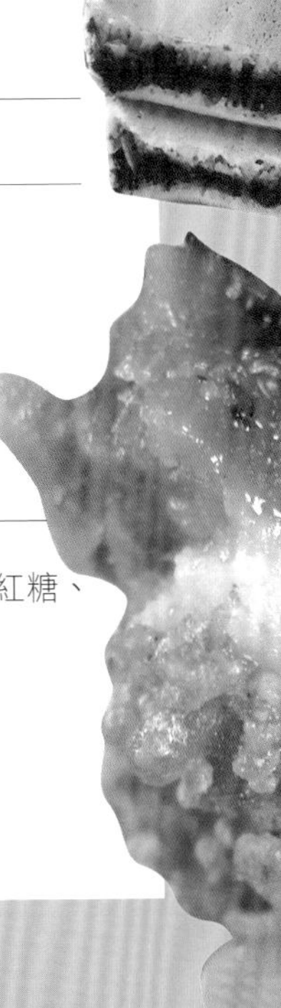

# Swatow Hot Pot

## 臺灣與汕頭的汕頭火鍋
## 各自向前走

臺灣跟汕頭都有汕頭火鍋，在發展過程中出現變化，
汕頭往牛肉解剖的方向走，臺灣往沙茶配方方向走，
兩者走向不同的路，你會愛哪一味呢？

### 汕頭

| | |
|---|---|
| LOCATION | 中國廣東 |
| NAME | 汕頭牛肉火鍋 |
| FEATURE | 牛肉分部位 口感變化多 |

### 臺灣

| | |
|---|---|
| NAME | 汕頭沙茶火鍋 |
| FEATURE | 沙茶配生蛋 必要醬料組 |

## 汕頭的汕頭火鍋牛肉太精彩

我在臺灣各地都吃過汕頭火鍋，汕頭火鍋興起跟汕頭移民多半相關，當我把生蛋黄與沙茶醬拌在一起時想：「臺灣有汕頭火鍋，汕頭也有汕頭火鍋嗎？如果有，兩地火鍋會是一樣的嗎？」為此，我決定前往汕頭一探究竟。我在汕頭幸運訪見潮菜大師張新民，並與其一家人同行，帶領我窺見汕頭火鍋的多樣風貌。

我們走進牛肉火鍋店包廂沒多久，服務人員便推著像港點般的小車來，這車載的是一盤盤新鮮手工現切的牛肉，不像機器削切的冷凍肉片那樣一捲一捲，而是像面膜般緊緊黏住橢圓盤。每一盤色澤、紋路皆不相同，有的如巨石斜紋、有的如沙灘褪去海浪、有的如葉脈密佈，猶如一幅幅畫作；紅肉也紅得寫實，如豔麗火鶴、如夜裡紅玫瑰、如喜字紅，我一步踏進牛肉分切的大觀園裡。

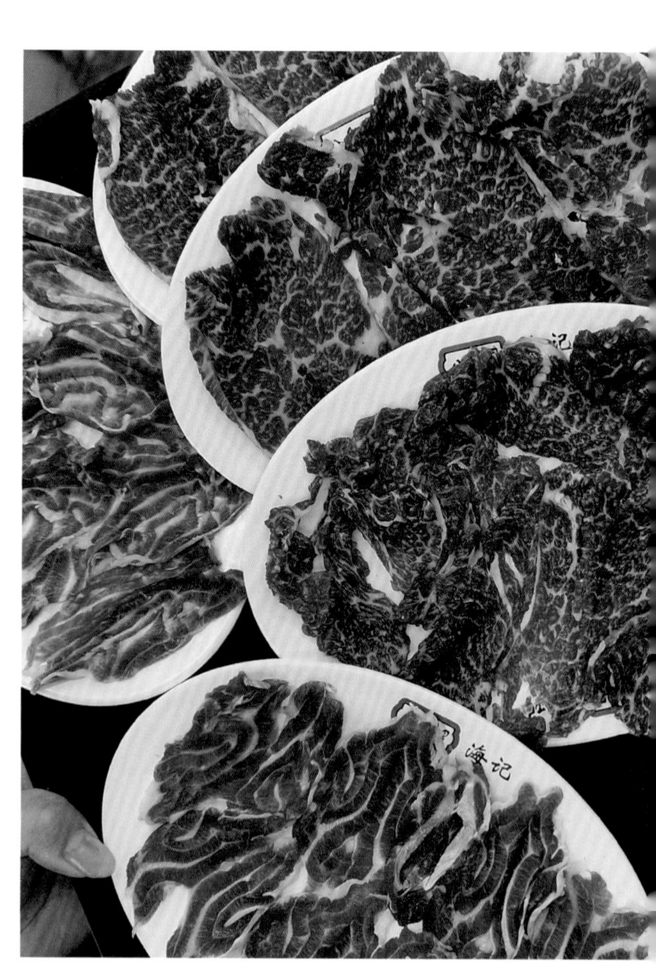

每個牛肉部位，都有自己的紋理與口感。（圖為汕頭八合里海記總店）

每隔一段時間就有服務人員把剛現分切好的牛肉，以推車送到包廂供賓客挑選。每隻牛的高矮胖瘦不盡相同，即使挑選的是牛的同一部位，油花分布也有些許差距，比起看菜名或圖片，眼見為憑更具有挑選的必要性。

這是我第二次到這家店了，前一次跟朋友坐在散桌，只憑菜單上的文字點菜，點好了就由服務人員送來，沒得挑選。這也意味著坐包廂重要，小車行經路徑也很重要，我相信這是經過安排的，有些稀有部位並非天天有，即使有的話，在前幾個包廂被識貨的人包走了，後頭包廂的客人只能挑別人剩下的牛肉。

「匙仁、匙柄、脖仁、正五花！」張新民一一點名，這些都是我沒聽過的牛肉部位稱法，服務人員便把肉盤端到桌上。桌面中央有一只火鍋，鍋裡的湯底裡只漂浮著幾塊生的白蘿蔔，據店家說明，十年前是用牛腩湯作為火鍋湯底，後來在一些美食饕客的建議下，改用煮牛肉丸跟牛骨熬的清湯作為鍋底，這樣的規格，就成為現在汕頭坊間牛肉火鍋店的主流。

## 汕頭火鍋的吃法

一說潮汕火鍋的「四大金剛」為脖仁、胸口朥、吊龍伴和五花趾，不過這些部位並非天天有，當天吃到的匙仁跟匙柄，是張新民一家人認為汕頭牛肉火鍋最好吃的部位。脖仁據說只佔牛肉的千分之一、二，有十字的白色紋路，燙過後牛肉表面像柔軟的厚地毯，跟舌苔一摩擦，像嘴裡有另一條舌頭般奇妙。中間有條灰灰的是匙柄，筋肉結實，穿插著一些細筋，鮮嫩無比。有白色回字紋路的「正五花」，一頭牛只有兩小條，帶點筋，口感脆脆的。板筋是里肌的外皮，涮數下後透明扭曲，看起來就像燙過的頭髮。牛舌柔軟中帶有咬勁。

大家這時已不再對話，各自沈浸在大啖牛肉的愉悅裡面，牛肉可依照店家建議的時間涮燙入口，大約都在數秒之列，有的表現柔軟口感、有的帶咬勁、有的油脂豐沛，各自精采。沾醬可自行調配，除了汕頭沙茶醬還可加普寧豆醬、蒜頭醬油與汕頭辣椒醬。有人嘴上直喊「吃不下了」，其實筷子還在動，那個人就是我，席間眾人臉色泛紅，我知道不是因為紅酒，而是大啖牛肉所帶來的興奮感。

涮過一輪牛肉的湯頭變得厚實，這時再下青菜煮，讓肉味浸潤到蔬菜裡，別忘了一開始漂浮在鍋面的白蘿蔔，經過一段時間已從雪白變得通透，滋味正豐美。涮完牛肉後，他們教我接下來先在碗裡放點普寧醬、撒點芹菜珠再用熱湯沖開，有點像喝味噌湯的概念。

最後階段是清空火鍋料，只剩湯底，這時的重頭戲就是汕頭粿條了，粿條下鍋吸飽湯頭精華，分乾粿條與湯粿條，乾粿條吃法是拌沙茶醬；湯粿條是加普寧豆醬與火鍋湯。數了一下，那晚我們四人一共吃了18盤，成績雖稱不上驚人，但眾人皆撫肚滿足而笑。（警語：飲酒過量，有礙健康。）

潮汕火鍋旨在品嚐牛肉各個不同部位，可依照店家建議的時間涮燙入口，大約都在數秒之列，有的表現柔軟口感、有的帶咬勁、有的油脂豐沛，各自精采。

圖為高雄天天沙茶火鍋，由潮汕人所創，沙茶醬以辛香料自製而成。

## 現今的汕頭火鍋，是美食家與業者的現代革新

汕頭火鍋能與四川麻辣鍋、北京涮羊肉並駕齊驅是近四十年的事——1980年汕頭福合埕牛肉火鍋崛起，打出汕頭火鍋特色；2010年開業的八合里海記由老饕提議、業者執行，雙方共同合作下注入新吃法，鍋清湯淨，旨趣在品嚐牛肉的各個部位，將汕頭火鍋發揚光大。八合里海記目前在全中國有140家分店，估計年營業額約人民幣17億元（台幣73億元），全中國主打汕頭火鍋的火鍋店就超過上萬家[1]。

那麼汕頭火鍋的傳統吃法是如何的呢？不區分牛肉部位，鍋底會加沙茶[2]。張新民說，鍋底的沙茶醬少了沒味道、多了又易膩，後來就讓沙茶醬退居二軍，當作選配的沾醬，甚至不沾。

吃過臺灣與汕頭的汕頭火鍋後，

我發現兩地相同的是：均以沙茶醬與牛肉主打。不同的是，汕頭的汕頭牛肉鍋偏重偏重溫體牛肉、臺灣的汕頭牛肉鍋偏重沙茶特色。或許因為如此，兩地招牌稱法不同，例如汕頭有名的「八合里海記牛肉店」、「福合埕牛肉火鍋」——重點在牛肉；臺灣有名的「小豪洲沙茶爐」、「清香廣東汕頭沙茶火鍋」、「麒麟閣沙茶火鍋」——重點在沙茶[3]。

至於湯頭兩地也不同，汕頭以煮過牛肉丸的湯作為鍋底，其來有自，汕頭火鍋最大的營運項目其實不是火鍋而是牛肉丸，一頭牛只有三分之一的牛肉適合用來當火鍋肉片，其餘邊角剩肉就做成牛肉丸，冷凍宅配到各地去，八合里海記每年牛肉丸的銷售量就達上萬公噸。臺灣的鍋底則各家不同，有的使用扁魚、蔬果，有的使用牛骨、牛腩湯底等。

臺灣的汕頭火鍋，重點不在肉，而在沙茶醬。

在屏東新園的汕頭火鍋，還會提供蛋酥當火鍋配料。

1 盧奕貝（2020-02-16）｜八合里海記火鍋老闆：月虧 6000 萬 考慮賣房發工資。新浪財經網

2 由黃友飄所開設，創立自 1949 年的新竹市「西市汕頭館」是相似吃法。

3 新竹市西市汕頭館便強調沙茶醬以 58 種中藥與香料調配而成，其中包括：花生、芝麻、扁魚、辣椒、南薑、八角等。第一天先將各配料逐一炒香，第二天再將配料混拌而成，有其順序，稍有不慎便有苦味、焦味。

潮汕流

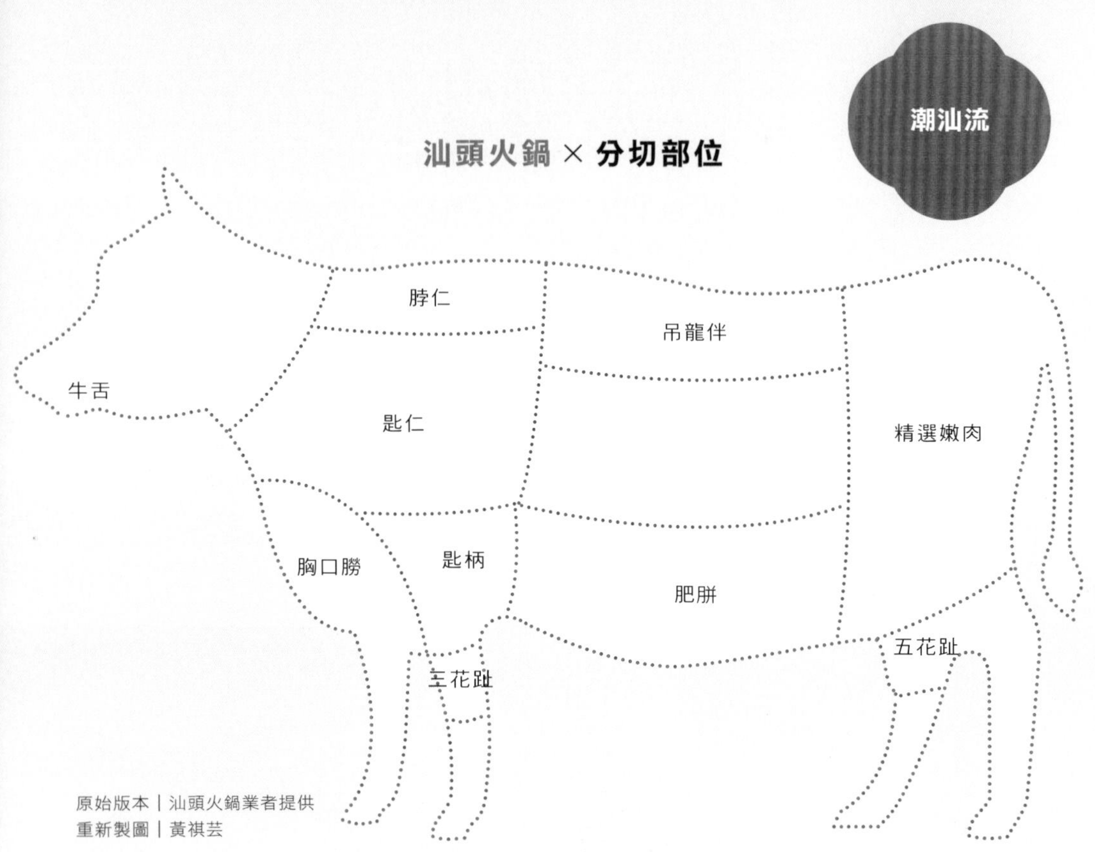


原始版本｜汕頭火鍋業者提供
重新製圖｜黃祺芸

## 潮汕流

臺灣芸彰牧場負責人張志名發現，汕頭火鍋跟臺南牛肉湯所使用的牛肉部位相近，不管是「潮汕流」還是「臺南流」，都是他在其他國家未曾見過的分切法，他認為臺南牛肉湯的形成背景，很可能跟臺南的潮汕移民有關。

潮汕火鍋牛肉部位名有：脖仁、胸口勝、吊龍伴、五花趾、三花趾、匙仁、匙柄、正五花等部位，各有特色。為了爭取牛隻僵直期前肢解、上桌，潮汕火鍋店家栽培大量人力與人才進行分切作業，追求速度、品質與數量上的穩定，讓我體驗到西方、日本之外，對牛肉的另一種詮釋與享受。

## 牛肉分切學

### 臺南牛肉湯 × 分切部位

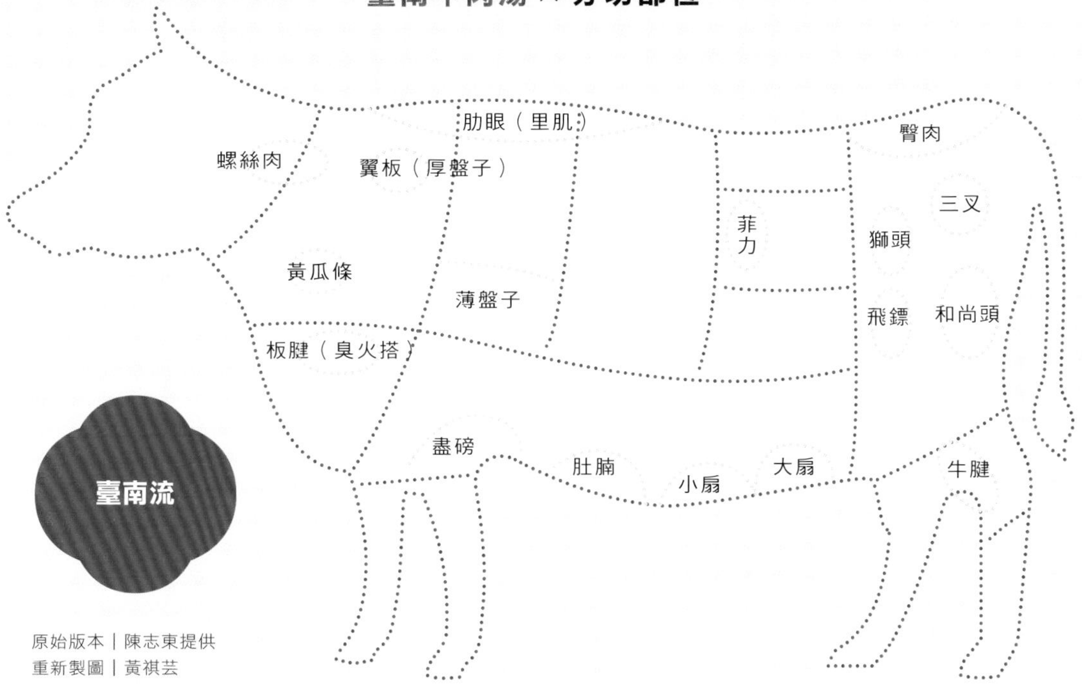

原始版本｜陳志東提供
重新製圖｜黃祺芸

### 臺南流

臺南牛肉湯使用的牛肉較為輕薄零碎，一方面是臺南牛肉湯是熱湯沖開並非涮煮，肉片輕薄才容易瞬間翻熟；另一方面，客人要求牛肉不帶筋，修去筋膜後就變得更細碎。

臺南牛肉湯使用的分切部位名有：大扇、小扇、臭火搭、黃瓜條、畫磅等，看似比潮汕分切更為細工，但事實上店家多數規模小，一日銷量不到四分之一頭牛，原本牛肉的部位就不齊全，如果還提供客人挑選品項，可能造成某些部位的缺貨與庫存壓力，為了省麻煩，乾脆不分類，採混搭賣出，難以聚焦各自特色。

汕頭火鍋的牛肉分切部位多樣獨特。

## 與時間賽跑的牛肉

牛肉是有時效性的，溫體牛的鮮甜與口感是冷藏或冷凍所不能比擬，然而屠宰後經過六到八小時，牛肉便會進入僵直期，肉質便會收縮乾柴，要在僵直期前將牛肉送達饕客口中，就必須分秒必爭了。張志名說，牛隻的體溫高過人類，當牛隻屠宰後未經分切就直接運送的話，屠體在運送過程無法散熱，高溫會影響肉質與口感，因此有些屠宰場旁設分切場，直接進行小分切，就是為了把握牛肉的最佳品質。

八合里海記總店門市連著分切廠，分切場像一所牛肉的分切專門學校，由資深人員帶著新進人員進行，不同時段會送來現宰牛肉，由大裁切到小裁切、小裁切到片肉、片肉到擺盤，到牛肉燙熟直送入口，無縫接軌，負責人林海平說：「這是和時間賽跑的行業。」

不管在汕頭或同樣也有進行牛肉分切的臺南，這場檯面上看不到的時間競賽，關乎著人們對美味無止盡的極致追求。

汕頭八合里海記總店門市連著分切廠，送上美味分秒必爭。

## 庖丁解牛的宰牛法

張志名說，一般殺牛採取「擊暈槍放血法」，這是臺灣規定也是國際通用的宰牛法，用槍擊發子彈震碎牛頭骨，牛嚴重腦震盪暈死，此時進行放血，但分切時肌肉還有反射動作，會出現較為緊繃的狀態。另一種是「阻斷神經放血法」，從牛後腦脊髓刺下阻斷大腦與神經的連結，牛隻會在瞬間失去知覺，癱軟倒下，此時進行放血，好處是痛覺被阻斷，無法通往大腦，肌肉不會緊繃收縮，牛肉呈現柔軟狀態。

那為什麼屠宰業不使用後者呢？「因為很少有經驗老到的宰牛師，每隻牛的高矮胖瘦不同，很難精準一刀斷開，萬一失手，就會看到血整場噴、牛整場跑，那場景太淒慘了。」中國古代沒有擊暈槍可以用，自然單憑一把刀，以《莊子・養生主》來看，說明了宰牛與分切牛肉的細節，據八合里海記描述，採取的就是這種宰牛法。

**庖工跟文惠王描述自己宰牛的經驗，前三年，他看牛還是一整頭牛；之後當他眼中的牛已經不是牛，而是骨骼筋絡結構圖，刀子自然而然被引往那筋骨的間隙去，不是用眼看、用刀駕馭牛，而是達到人刀合一的程度。**

莊子對庖丁解牛的描述非常優雅而精彩。庖工跟文惠王描述自己宰牛，不是用眼看、用刀駕馭牛，而是達到人刀合一的程度，用心神跟牛體碰觸，前三年宰牛時，他看牛還是一整頭牛；之後當他眼中的牛已經不是牛，而是骨骼筋絡結構圖。刀子自然而然被引往那筋骨的間隙去，刀刃薄而能進入牛關節間的縫隙，自由地在關節與關節間遊走，這也是成語「游刃有餘」的由來。

庖工還說，別的庖工每年要換一把刀，因為他們是在劈開牛骨；但他十九年如一，殺過好幾千頭牛，刀刃還是跟剛從磨刀石上拿起來一樣銳利，他下刀精準，一頭巨大的牛在他手中肢解，猶如土堆崩解散開，他知道任務已經完成，便把刀擦乾淨收起來。雖然莊子寫的是寓言故事，但讓我對東方宰牛方式充滿想像，汕頭火鍋展現的正是東方的解剖工藝。

# 臺、汕的汕頭火鍋比較

LOCATION 臺灣

NAME 汕頭沙茶火鍋

| | |
|---|---|
| 鍋底 | 蔬果、扁魚、牛骨、牛腩，各家不同 |
| 湯底料 | 蔥段、番茄、高麗菜、魚板等，各家不一 |
| 沾醬 | 沙茶醬、蒜泥、生蛋黃、蔥、辣椒、醬油等 |
| 火鍋料 | 牛豬羊肉盤、蔬菜、菇類、豆腐等 |
| 吃法 | 各種火鍋料倒入火鍋內雜取 |

LOCATION 汕頭

NAME 汕頭牛肉火鍋

| | |
|---|---|
| 鍋底 | 煮過牛骨與牛肉丸的湯頭 |
| 湯底料 | 白蘿蔔 |
| 沾醬 | 沙茶醬、普寧豆醬、蒜泥、辣椒醬 |
| 火鍋料 | 純牛肉切盤，另有蔬菜 |
| 吃法 | 涮牛肉→吃蔬菜→喝湯、吃白蘿蔔→粿條收尾 |

今晚，想要開鍋嗎？

kiunn bó ah

# 薑母鴨

## Ginger Duck Stew

**同安**

| | |
|---|---|
| LOCATION | 中國福建 |
| NAME | 鹽鴨、薑母鴨 |
| FEATURE | 黑派代表 似瓦煲鴨 |

**臺灣**

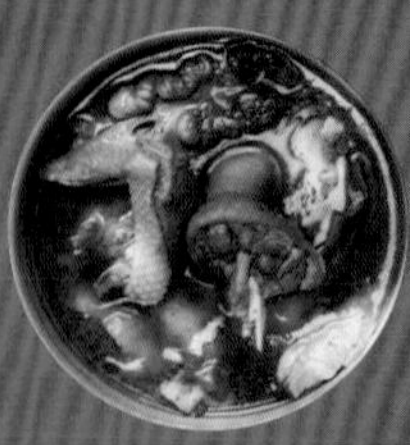

| | |
|---|---|
| NAME | 薑母鴨 |
| FEATURE | 先白後黑 火鍋吃法 |

## 黑、白、乾、湯，四派薑母鴨各領風騷

薑母鴨是一個發跡於中國大陸、臺灣原創又於廈門發揚光大的食物，
它在短短數十年產生戲劇化改變，讓我們看見食物的遊走，就如同大富翁桌遊一般，
有時翻牌是命運、有時靠的是機會。

### 廈門

| | |
|---|---|
| LOCATION | 中國福建 |
| NAME | 薑母鴨 |
| FEATURE | 當地名產 風行外帶 |

### 泉州

| | |
|---|---|
| LOCATION | 中國福建 |
| NAME | 鹽鴨 |
| FEATURE | 以鹽焗鴨 味道純粹 |

以薑、麻油乾炒鴨肉，帶出薑母鴨的靈魂香氣。

## 薑母鴨的尋味之旅

臺灣冬夜的街景之一，就是戶外的人們坐在矮凳上，圍著炭爐吃薑母鴨，冷風颼颼，看著炭爐冒熱煙，喝口熱湯，身體很快從胃裡暖到了全身。不過也不是這麼絕對，我也曾經在攝氏32度的高雄冬天，跟著當地人一邊吹著強力電風扇一邊吃薑母鴨，吃得汗流浹背，這就是所謂高雄人的浪漫嗎？2005年前後正是薑母鴨的全盛時期，全臺約有一千多家店[1]，我想不管是氣溫還是距離，從沒能阻撓臺灣人的食慾。

臺灣薑母鴨必備元素是：紅面番鴨、麻油、老薑、米酒、中藥，再加上一只砂鍋與旺火就色香味俱全了，每樣食材看似簡單，卻都藏著學問。

1 蔡文婷（2003-02）｜冬天裡的一把火—薑母鴨。《光華雜誌》

圖片提供｜盧大中

## 薑母

不知道有沒有人懷疑過，薑母鴨到底是「薑母・鴨」還是「薑・母鴨」？答案是前者。薑母是兩年以上做種，與新生成的嫩薑一起採收的老薑，一般薑齡三年以上最好，功效比老薑還要能刺激身體循環[2]，生薑蛋白酶也能使鴨肉有軟嫩的效果[3]。站在中醫的角度，薑母的熱性可以中和鴨肉的寒涼，讓鴨肉滋補的功效更加明顯，確實適合秋冬進補[4]。

薑母纖維粗長，薑皮具辛而能散的功能，因此不去皮、拍開，與各料快炒，最能呈現薑獨特的香氣與辛辣。有的薑母鴨店家不用薑片而單用薑汁，如此雖能使薑味充分融入湯中，但吃起來光有辛辣卻無香氣，也未能與麻油、鴨肉在乾炒時發揮相互提升作用，味道單薄虛弱，像少了靈魂的薑母鴨。

## 麻油與米酒

黑麻油與米酒的交互作用能提出薑香與辛辣，但純用黑麻油過於濃烈，不順喉；純用香油過於清淡，吊不出薑味，因此要黑白麻油雙效合一，才能達到相輔相成效果。

一甕鴨肉要兑上一瓶紅標米酒才夠勁，酒能在交互作用中產生豐富的香氣物質，集香、辛、辣、甜、甘味齊備就對了。

2《今周刊｜生活i健康》特刊（2019-06-05）｜神奇薑療力

3 李彥翰（2011）｜生薑粗萃液之蛋白酶與抗氧化特性及其應用於番鴨肉質嫩化與抗氧化之探討｜中興大學動物科學系

4 林又旻（2016-11-25）｜破解流言／薑母鴨好暖，但本草綱目：鴨肉微毒？。康健雜誌web

## 薑母鴨的四大天王

### 番鴨

鴨則多使用番鴨，「番鴨」最早見於1722年的《臺海使槎錄》5，從名字中有個「番」字便知是屬於外來品種，源於南美洲巴西。番鴨約在清明時節產蛋，當成長到肥美飽滿時，剛好遇上冬天進補食節，真是水到渠成。公番鴨的皮薄肉緊實，體形又比母鴨大，因此店家多用公番鴨。

紅面番鴨的「紅面」，指的是臉上大而鮮紅的肉疣，有薑母鴨專賣店的招牌就直接畫一隻大大身黑面紅的鴨子。早年確實吃的是黑番鴨，不過1962年後陸續引進紅面白番鴨，飼養效率更高，養白番鴨的農家漸多。1980年後，臺灣興起的薑母鴨專賣店使用的多半是白番鴨了6。那店家為何還是要以黑番鴨作為標誌呢？可能與臺灣人傳統認為黑色比較補有關。

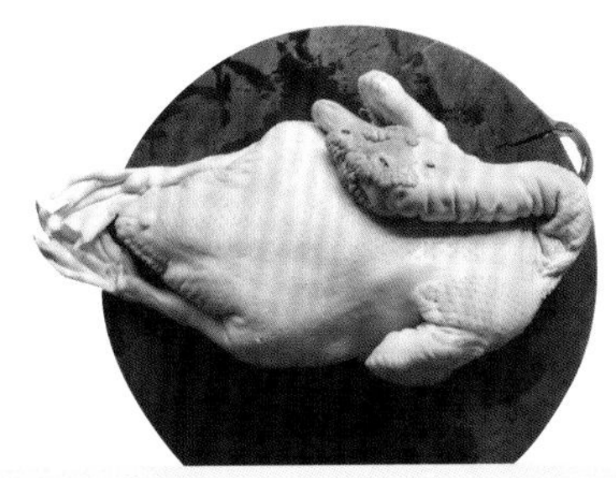

圖片提供｜盧大中

**Bonus!**

薑母鴨吃法分為兩吃：第一吃是把鴨肉沾著豆瓣醬、豆腐乳醬吃。第二吃是等到酒味揮發後，放入凍豆腐、魚丸、金針菇、高麗菜等各種火鍋料，當火鍋吃。

5《臺海使槎錄》卷三：「番鴨，大如鵝；足微短，兩頰紅如雞冠，雄者色更赤。畜之常飛去。人每載入內地，然褷褷唼唼，無足充玩。」

6 郭曉鳳（2014-08）｜食補美味薑母鴨的靈魂——麝香鴨。《農政與農情》第266期

## 薑母鴨是廈門名產

我原以為薑母鴨是臺灣食補代表，沒想到到了中國大陸也遇上薑母鴨，而且不僅跟臺灣味道、烹調方式不同，還分成了黑、白兩派。

薑母鴨現在已經成為廈門的特色菜代表，走在廈門鬧區街道上，幾乎逃不開薑母鴨霸氣逼人的氣味，這勾起了我的好奇心，跟當地朋友說想嚐嚐廈門薑母鴨，他們告訴我一個難以置信的答案：「只能外帶，不能當場吃。」什麼?!薑母鴨帶回家不就冷掉了，火候不對了怎麼會好吃[7]？

廈門薑母鴨是吃乾的，老薑片、麻油、料酒、香料包跟鴨肉一起燜煮，直到醬汁收乾，看起來是黑亮亮，外觀像瓦煲薑母鴨，味道則有點像三杯雞，我將其稱為「黑派」。鴨胗、鴨心還會另行烹製，做成薑母鴨味的鴨胗串、鴨心串，單賣外帶，像吃滷味的概念。

有很多鄰近廈門島周邊的外地人

7 廈門還是有店家提供可以坐下來享用的薑母鴨，不過並非薑母鴨專門店，而是賣給觀光客的廈門風味菜館，提供土筍凍、海蠣煎、薑母鴨等廈門代表菜式。

8 廈門王巢餐飲管理有限公司官網 http://www.adsp.cn

會聚集到廈門討生活，就像基隆、新北、林口等地的人會到臺北上班一樣，老廈門人告訴我，薑母鴨並非當地傳統飲食，當地美食圈的人普遍認為，是廈門周邊城鎮的居民把薑母鴨帶到廈門去的，如果想吃原味薑母鴨，要到廈門偏郊地區的同安或灌口。

這個推論是有根據的，廈門成立於2011年的「阿呆薑母鴨」，是廈門王巢餐飲管理公司旗下品牌，在全中國已經有160多家連鎖，還曾獲得福建省烹飪協會頒發授與「福建名菜」稱號，而它的緣起就始於1998年創立的同安阿呆[8]。但同安阿呆卻又強調「只此一家，別無分號」，為了區隔兩者，廈門人普遍把廈門阿呆稱為「阿呆」，把同安阿呆稱為「老阿呆」。

廈門人會做成薑母鴨味的鴨胗串、鴨心串，像滷味那樣單賣外帶。

## 同安鹽鴨

自此，我便開始了一段薑母鴨的尋味之旅。

當我造訪同安老阿呆時，招牌上卻寫著「阿呆鹽鴨」而非「薑母鴨」，我問附近居民，「這家阿呆鹽鴨就是薑母鴨嗎？」居民說：「鹽鴨就是薑母鴨呀。」——鹽鴨就是薑母鴨？此事容後說明。先說這家老阿呆生意頗具規模，共有三個店面，其中兩個店面放滿爐灶與煤球，另一個店面是外帶區，同樣無法內用，老阿呆鹽鴨與廈門薑母鴨口味一致，但肉質飽滿、入味，勝過我在廈門吃過的任一家。

同安人又告訴我，同安在1958年前都歸屬泉州，之後才劃歸廈門，同安的薑母鴨應該源自泉州，我原以為在同安找到了源頭，這才發現源頭之外還有源頭。

## 薑母鴨發源地?!

為此，我又到了泉州，泉州就真的是薑母鴨的發源地嗎？除了當地人的說法外，《閩菜史談》中也提到，薑母與雞鴨共烹是閩西菜常見的烹飪方式，而中草藥與薑入菜則是閩南菜的手法，在清代以前，泉州已有用中草藥與畜禽共同烹煮的習俗，認為薑母鴨是閩南與閩西菜的合體[9]。

泉州確實有薑母鴨店，但有的招牌寫「鹽鴨」、有的寫「薑母鴨」，還有的兩者合寫。我造訪了當地一家開業二十五年的名店「忠記鹽鴨店」，經過交涉，店家願意為我公開做法，只是各家作法皆有差異，此純為參考。老闆在一個碗狀鐵鍋

9《閩菜史談》(2012)，P.251｜劉立身｜海風出版社

上擺一個陶鍋，鐵鍋裡以細砂與鹽墊底，說是可以聚熱。陶鍋裡放老薑、少許水打底與大量的鹽覆蓋鴨身，蓋上鍋蓋。淺鐵鍋底下以炭火慢燒二到三小時，烹製出來的鴨子只消筷子挑動就能骨肉分離，鴨油

泉州鹽鴨（薑母鴨）的外觀特色有大量薑片。

隨著剝開的肉身汩汩流灌，香氣噴發，然因鹽多重鹹，須輔白飯食用。

泉州鹽鴨店提供座位享用，我吃不完一整隻鴨，便把它外帶回廈門朋友家。有多好吃呢？我朋友跟家人第一天吃鴨肉，第二天煮鴨湯，第三天把剩餘的鴨油做成鴨油拌麵線，吃到一滴不剩，不只如此，朋友後來還問我店名，找機會又跑去吃了一次。

這鴨子不上醬色，我將其歸為「白派」，以與廈門黑派區別。正想細問泉州人，當地人又告訴我，薑母鴨是臺灣傳去的！一時之間不覺莞爾，繞了一圈又回到臺灣。一個「薑母鴨」，有的湯、有的乾、有的黑、有的白，如果源自臺灣，為什麼三地的薑母鴨作法、吃法全不同呢？

## 臺灣薑母鴨2.0版

回臺灣後，從資料中發現，薑母鴨是臺灣冬令進補食物，作法與泉州鹽鴨相似。在1992年報紙的一篇文章寫道：「昔日，臺灣的冬天，每當寒流過境、大夥兒縮頭縮腦在室內取暖之際，阿媽總會到庭院抓幾隻紅面番鴨，逕自宰殺，再取一斤老薑，搗碎壓榨出汁來，然後把老番鴨放入陶甕內，倒入薑汁，米酒數瓶，上蓋放在大灶的黑鼎裡，周遭加滿清水，再以慢火燉[10]。」

泉州與早年臺灣的薑母鴨都沒有加麻油，臺灣多泉、漳移民，傳統薑母鴨作法很可能就是源自於泉州。然而，如果這是臺灣傳統薑母鴨，那麼又是怎麼變成現在版本的呢？這就不得不提到田正德，1980年代，「帝王食補薑母鴨」創辦人田正德帶動臺灣薑母鴨風潮，該店在全盛時期全臺約有五百多家，擁有一半以上的市占率，他不僅是薑母鴨天下的霸主，也是將薑母鴨商品化、取得專利的第一人[11]。

在他的改良下，從原有的老薑、鴨外，再加入了米酒、麻油、中藥配方，這也是目前坊間薑母鴨的第一代

原型。後來許多人起而仿效開業，就成為眾人所認定的薑母鴨風味。

臺商陳村金於 1993 年至中國漳州設立薑母鴨專賣店，店名「漢宮薑母鴨」，幾年後帝王食補薑母鴨也登陸中國大陸，帶去的是第一代原型版本，與我在廈門吃到的風味相似，只是臺版是湯的、廈門版是乾的。1998年前後，臺灣在消費者要求下，開始把火鍋料加入薑母鴨湯頭裡，吃法更多樣[13]，正是現階段的版本。

根據廈門市旅遊發展委員會發布的旅遊數據顯示，廈門市2018年共接待8,900萬人次遊客。我2019年底到廈門時，滿街是「廈門薑母鴨」土產店，店家針對遊客開發了真空包，並提供宅配服務，真空包突破地域限制，透過寄送親友達到放射式的宣傳效果。

按照論文所述，廈門成功嫁接了臺灣薑母鴨，並長出自己樣子，成了城市行銷的利器，如今觀光客到廈門必吃沙茶麵與薑母鴨。薑母鴨是臺灣的？是廈門的？是同安的？是泉州的？食物自有生命，隨著人事時地物的變化，與其爭奪誰是發源地，不如把焦點放在如何將它發揚光大，可能更為重要。

10 廖壬戊（1992-10-09）｜薑母鴨有阿媽的味道。《聯合報》鄉情版

11 蔡文婷（2003-02）｜冬天裡的一把火－薑母鴨。《光華雜誌》

12、13 蔡珮緹（2015）｜臺灣薑母鴨及其產業之研究｜國立高雄師範大學臺灣歷史文化及語言研究所

# 鴨各領風騷

**白派**

**LOCATION** 

**NAME** 原版薑母鴨

老薑、老番鴨、米酒，隔水加熱以慢火燉，臺灣多泉漳移民，臺灣早期薑母鴨作法與泉州相似。

湯

**黑派**

湯

**LOCATION** 臺灣

**NAME** 2.0 版薑母鴨

在「帝王食補薑母鴨」創辦人田正德的改良下，除了薑母、番鴨、米酒，再加入麻油、中藥，成為現在薑母鴨原型。

圖片提供｜盧大中

# 黑白乾湯薑母

白派

LOCATION 泉州

NAME 鹽鴨

薑母與雞鴨共烹是閩西菜常見的烹飪方式，在清代以前，泉州已有用中草藥與畜禽共同烹煮的習俗，薑母鴨被中國大陸學者認為是閩南與閩西菜的合體。

乾

黑派

乾

LOCATION 同安

NAME 鹽鴨

老薑片、麻油、料酒、香料包跟鴨肉一起燜煮，直到醬汁收乾，肉質彈牙緊實、入味、充滿醬香。

黑派

乾

LOCATION 廈門

NAME 薑母鴨

薑片、麻油、料酒、香料包跟鴨肉一起燜煮，直到醬汁收乾。以外帶為主，販售方式靈活，類似滷味攤，可從單人份到多人份。

# tiánn pinn sô
# 鼎邊趖
# Potside Sticker Soup

### 馬祖

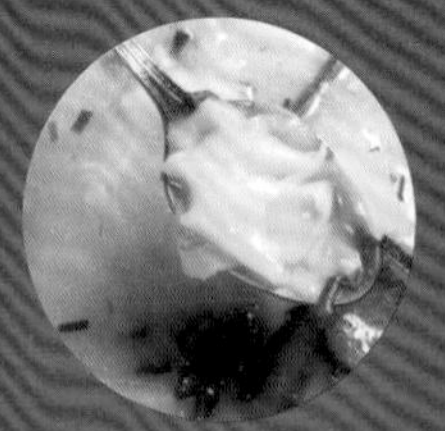

| | |
|---|---|
| LOCATION | 臺灣連江縣 |
| NAME | 鼎邊糊 |
| FEATURE | 扎實海味 |

### 基隆

| | |
|---|---|
| LOCATION | 臺灣 |
| NAME | 鼎邊趖 |
| FEATURE | 有料吃巧 |

# 福州人的飲食印記

凡走過必留下痕跡，福州人隨著移民腳步，在飲食版圖上留下許多記號，
從福州到臺灣、東馬詩巫等地，鼎邊趖正是福州人存在的證明，
只是鼎邊趖講究工藝，肯做、會做的人越來越少，在臺灣恐將消失。

### 詩巫

| LOCATION | 馬來西亞砂拉越 |
|---|---|
| NAME | 鼎邊糊 |
| FEATURE | 樸實有味 |

### 福州

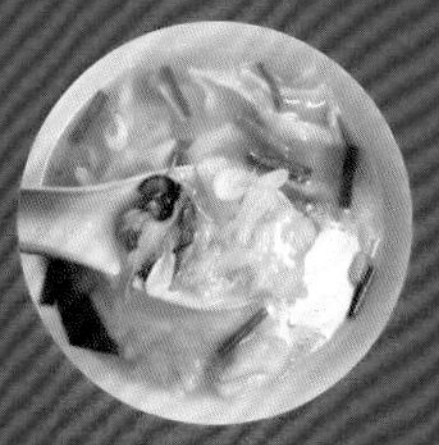

| LOCATION | 中國福建 |
|---|---|
| NAME | 鍋邊 |
| FEATURE | 清鮮雅致 |

### 漳州

| LOCATION | 中國福建 |
|---|---|
| NAME | 鍋邊糊 |
| FEATURE | 湯糊、料多樣 |

## 鼎邊趖最珍貴的在於過程

對我來說，鼎邊趖是有點魔術性質的小吃。攤前一只熱滾滾的大圓鍋，不知大家是否留意？鼎邊趖比起一般中華鍋要來得大，鍋子上緣正是米漿片的「產區」，上緣夠寬廣能增加產量。

鍋心正滾著熱湯，沿著鐵鍋上緣澆上一圈白色調製好的在來米漿，蓋上鍋蓋燜煮，待掀蓋時米漿已然成型，黏著如一條白色布巾，有時黏著鍋面邊緣還會捲曲，廚子便快速用鍋鏟將其刮落入湯，再蓋上鍋蓋燜煮，等再次掀蓋時，連湯帶料，一碗鼎邊趖就完成了。

米漿片講究厚薄均勻，成片而不零碎，展現了工藝之美。

燜鍋蓋猶如魔術師把手伸進高帽子裡，總有一、兩秒停頓，那是一種期待的醞釀，讓人充滿想像；而每次掀鍋也都有戲可看，剛好掀鍋時米漿就剛好成形，不會未乾或過乾，是要多少經驗累積才能算到那麼準？整個流程環環相扣，無比順暢，彷彿找不到停頓點，以至於我常常看到了忘我。

這是我認為鼎邊趖最精彩的地方，然而對店家來說，那不過是流程而非表演，以至於多數鼎邊趖店都把爐灶藏在店頭最角落，那真可惜，彷彿魔術師從後台把高帽子裡揪出的手帕、兔子與鴿子，用推車送上舞台，失去那個過程中最珍貴的驚喜。

## 福州鍋邊湯清味鮮

鼎邊趖有兩個重點，一個是湯頭、一個是米漿片。

回到發源地的福州講起，福州日報社《家園》編輯部總監陳珺說，「福州鼎邊趖的湯講究清鮮雅致，要用小蜆子熬湯底，喝的是清鮮分明，不要添加其他配料干擾；米漿片入湯後，吃的是米香，那是最純粹的享受。」

至於米漿片，講究厚薄均勻，成片而不零碎。厚薄展現了工藝的高低，鼎邊繞圈的手順速度要夠快，否則可能厚薄不一，漂亮的米漿片是連成片的，自然呈現有大有小，如果過於破碎，可能是繞圈時力道不足，或是米漿太稀所致。也就是說，追求湯頭與米漿片的極致，才能造就出一碗好的鼎邊趖，湯清味鮮，不只是鼎邊趖，也是福州菜的特色。

到了福州，我才領略到鼎邊趖的講究與魅力，也才更理解福州食物。然而正當我這麼想時，陳珺卻潑了我一桶冷水，她說市區裡的鼎邊趖已經起了變化——傳統湯頭是用蜆煮，現在店家會改用蝦米、紫菜等其他海鮮乾貨當湯底，雖然還是展現鹹鮮的海味，但跟蜆的清鮮是不同層次的，「店家怕麻煩，蜆要挑新鮮，還要吐沙等前置處理，不像乾貨貨源穩定又沒有鮮度問題，更有店家直接改用人工調味粉烹製，湯頭便顯得單薄俗氣。」

鼎邊趖在福州的原味正消逝當中，而其他城市裡的鼎邊趖，也因人口老化、接手困難等問題，使得鼎邊趖的數量與品質下滑。

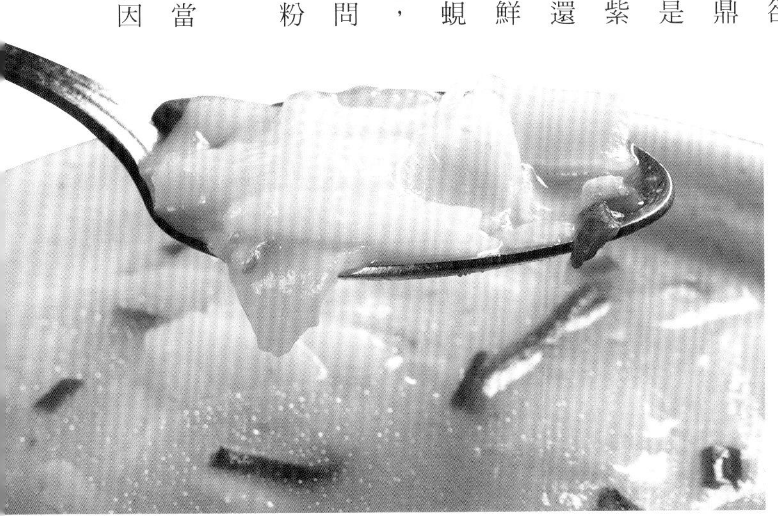

鼎邊趖有兩個重點，一個是湯頭、一個是米漿片。（圖為福州回頭客連江鍋邊）

## 鼎邊趖的叫法

鼎邊趖（tiánn-pinn-sô）出現在有福州人聚集的地方。福州古音為「鼎邊抆」，「抆」在北宋之前指塗抹、南宋之後的解釋就成了擦拭之意，因此有學者認為，鼎邊趖最早可能始於北宋。

後來字義已經改變，加上「抆」字少見，就慢慢演變出鼎邊趖、鼎邊糊，改以普通話發音後，還變成了「鍋邊」[1]，可惜把最重要的動詞斷開了。

而稱為鍋邊糊的「糊」字容易讓人會錯意，「糊」指的是塗抹（動詞），而不是湯頭稠糊（形容詞），所以福州人的鼎邊趖是講究「湯寬」的，意思就是湯要多一些，吃起來會更分明。而有些地區湯之所以稠糊，是米漿片在湯裡滾太久又或是湯過少，米漿澱粉釋出便使湯糊了。

在臺灣稱為鼎邊趖、漳州稱為鍋邊糊、馬來西亞東馬詩巫跟馬祖皆稱為鼎邊糊，而在福州則稱為「鍋邊」，這樣說來其實有意思，繞了一圈，現在福州的叫法反而最現代。

1《閩菜史談》（2012），P.130-131｜劉立身｜海風出版社

## 漳州鼎邊趖料多味美

中國大陸的鼎邊趖在兩地最負盛名——一是福州、一是漳州，兩地的人對鼎邊趖的詮釋是不同的。要客觀說的話，前者講門道、後者看熱鬧。我在其他篇章裡提到過，漳州人是無滷不歡，許多小吃都跟滷料掛鉤，鼎邊趖也不例外。

漳州生意相當好的鼎邊趖名店「天添鍋邊糊」，攤子內全是滷料配菜，一鍋豬血直加熱，冒出香氣與熱氣，招牌配菜是粉肉，挑了什麼滷料，店家就會把它切好，鋪蓋在你所點的鼎邊趖上。

對鼎邊趖沒有情感基礎的觀光客如我來説，漳州鍋邊糊確實是一款好吃的小吃，名店天添鍋邊糊的米漿片吃起來厚薄均一、口感柔軟，大片完整的偏多，配料要多熱鬧就有多熱鬧，且有滷汁的醬香，上桌前還會撒上炸蒜酥、香菜，讓口味多了層次。

漳州鍋邊糊加上豬血、粉肉等配料，豐盛美味。（圖為天添鍋邊糊）

料想是福州鼎邊趖到了漳州後入境隨俗，長出了自己新的樣貌，然而讓福州人不平的是，漳州鍋邊糊口碑還不錯，說不定哪天名氣就超過了福州，奪去了鼎邊趖的主導權，只是捍衛福州派的陳珺認為：「不是把所有好吃的東西放在一起就叫做好吃，而是清楚明白它本身的特質，並好好地將其展現出來啊。」諷刺的是，被認為無法展現鼎邊趖精神的漳州，其商業經營模式倒灌回了福州，店家開始提供海鮮作為配料選項，藉此墊高產品售價，也使得福州鼎邊趖「漳州化」了。

## 臺灣鼎邊趖

臺灣鼎邊趖主要分布在基隆與馬祖，這兩地的福州移民較集中。基隆有許多福州食物，鼎邊趖是其中之一，早在1632年就有福州人在和平島（舊稱社寮島）生活的紀錄，當時他們居住的一帶稱為福州厝，而後清領、日治、戰後也陸續有福州人落腳基隆。

記得小時候去基隆夜市，很愛來上一碗鼎邊趖，那時還會現場製作，如今攤家直接放乾米漿片下鍋煮了，米漿片歸米漿片、湯頭歸湯頭，雖然還是有肉羹、蝦仁羹、金勾蝦、金針、香菇、筍絲、芹菜珠等配料，但採乾烙法，已不同於原

鄉，比較接近粿片湯。

至於馬祖，當地人多為福州長樂、連江移民後代。馬祖僅剩一家鼎邊趖，是在南竿介壽獅子市場內，開業至今20多年的「阿妹」，仍採用傳統作法，老闆林秀英對自己的鼎邊趖很自豪，什麼時候該潑漿、什麼時候該掀鍋，都拿捏得恰到好處。湯底是蛤仔、大骨、魚三合一，有時還會放季節性魚肉與蔬菜當配料，上桌前再撒把珠蔥，清香提味。

## 詩巫鼎邊糊

馬來西亞與福州人的關係也很密切，福州移民約莫在西元1900年時到馬來西亞，主要聚集於西馬的實兆遠與東馬的詩巫兩處。我曾造訪詩巫，福州移民在當地握有經濟主導權，福州話在當地是通用語言，甚至也有一部分當地原住民會說福州話。

詩巫的興園餐室，開業將近六十年，也是詩巫第一家鼎邊糊。老闆邱昌蕊已經七十多歲，與弟弟一起守著店，從早開到晚、全年無休，讓碼頭工人隨時得以飽餐一頓。這裡作法維持傳統，碾米漿機就放在店裡，現碾製作。使用大骨湯底，雖非海味清鮮派，配上肉絲、木耳、魚丸、魷魚等也相當樸實好吃，另有胡椒跟烏醋作為佐料。

東馬詩巫現存最早鼎邊糊。（圖為興園餐室）

# 鼎邊趖比較

LOCATION 福州

NAME 鍋邊

**湯頭原料** 蜆

**風格** 清鮮雅致

**餐期** 早餐

備註：

- 蝦酥，用黃豆渣跟米漿混合，調配一些蔥花、小蝦、鹽入鍋油炸，一種長得像甜甜圈的炸物。
- 海蠣餅即是蚵嗲。

搭著蝦酥、海蠣餅一起吃！

LOCATION 漳州

NAME 鍋邊糊

**湯頭原料** 豬骨

**風格** 湯糊豐盛

**餐期** 早餐

油條是好朋友！

單吃就可以！

LOCATION 馬祖

NAME 鼎邊糊

湯頭原料 大骨與海鮮

風格 扎實海味

餐期 早餐

LOCATION 基隆

NAME 鼎邊趖

湯頭原料 小魚乾、竹筍、香菇等

風格 有料吃巧

餐期 全天都可吃

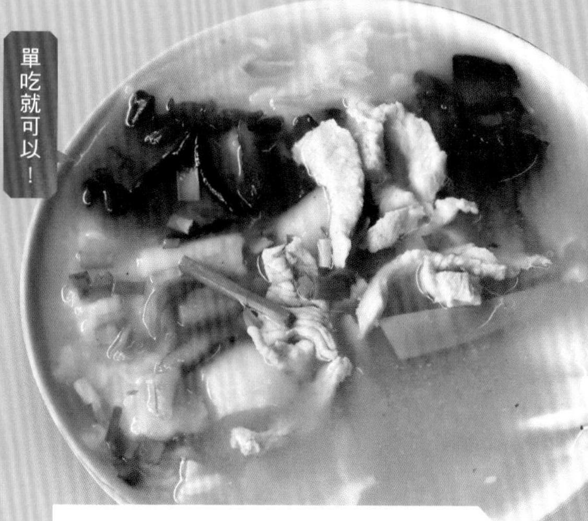

單吃就可以！

滷肉飯是飯友！

LOCATION 馬來西亞詩巫

NAME 鼎邊糊

湯頭原料 豬骨

風格 樸實有味

餐期 早餐

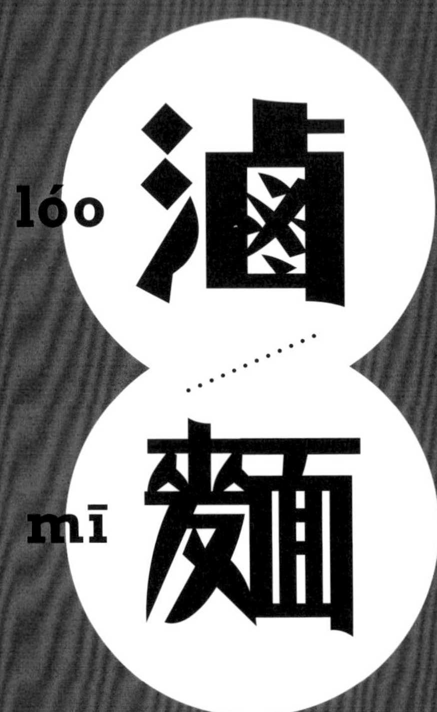


# Noodles in Thick Soup

檳城

| LOCATION | 馬來西亞 |
| --- | --- |
| NAME | 滷麵（Loh Mee） |
| FEATURE | 甜辣色深 極度濃稠 |

臺南

| LOCATION | 臺灣 |
| --- | --- |
| NAME | 滷麵 |
| FEATURE | 湯頭清甜 |

## 臺灣

圖片提供｜曾傑森

| NAME | 海產麵、什錦麵 |
| --- | --- |
| FEATURE | 配料豐富 |

## 長崎

圖片提供｜傑夫

| LOCATION | 日本九州 |
| --- | --- |
| NAME | 強棒麵ちゃんぽん（cyannponn） |
| FEATURE | 配料豐富 |

# 來頭不小，滷麵也分派系?!

話說滷麵好會跑，北從日本、臺灣、中國大陸，南到新馬都有滷麵的足跡，你知道臺灣滷麵還分為兩大派系嗎？兩方還各有來頭呢！

## 莆田

| LOCATION | 中國福建 |
| --- | --- |
| NAME | 滷麵 |
| FEATURE | 乾貨展鮮味 |

## 泉州

| LOCATION | 中國福建 |
| --- | --- |
| NAME | 滷麵 |
| FEATURE | 湯花生味 麵鹼味重 |

## 漳州

| LOCATION | 中國福建 |
| --- | --- |
| NAME | 滷麵 |
| FEATURE | 配料自由選 |

## 臺南滷麵與漳州滷麵系出同源?!

小時候在臺南成長的我，長大後某一年重回故鄉，發現街邊出現了掛著「古早味滷（有時寫成「魯」）麵」招牌的店，阿娟肉粽滷麵、阿婆滷麵、阿浚師滷麵等。這是我童年時，在街邊沒有見過的食物。

臺南滷麵源於辦桌禮俗，農業時期，婚喪喜慶時辦桌，許多鄰居義務前來幫忙，這些人忙裡忙外不收分文，主人家會請來辦桌的總鋪師，在宴客前事先煮好滷麵當點心，讓大家填填肚子並表達謝意。

即使只是區區一碗滷麵，展現是主人家的心意，動用到的是總鋪師，用料雖稱不上豪華，但一定豐富美味，這才不致讓人說嘴。我吃過出生自1943年的臺南總鋪師李萬的滷麵，用鹼麵淋上芡汁，白蘿蔔與白菜增加湯頭的清甜，醋帶酸、糖帶甜、胡椒帶香，增添味道層次，芡粉下得剛好，吃起來滑口，味道整合得很好。

然而隨著社會結構改變，人口大量移往城市發展，人們的經濟、衛生條件改變，婚宴會館興起後，露天辦桌也隨之式微，人際關係不若以往緊密，總鋪師退休了，水腳、街坊阿姨的戲份也沒了。然而想必有人懷念起箇中滋味，而能被重現可能性最高的，恐怕就是滷麵了。

臺南滷麵特色是鹼麵配上芡汁。（圖為阿婆滷麵）

漳州版本會在滷麵鋪上滷筍、滷大腸、滷蛋等各種滷料，展現滷麵豐富且華麗的一面。（圖為阿芳滷麵）

我在漳州也吃到相當好吃的滷麵，漳州知名的滷麵連鎖店「阿芳」，湯底用料豐富鮮美，小干貝、蛤仔、豬骨等熬煮，作法同樣把煮好的鹼麵放進碗裡，澆淋上芡汁，跟臺南比較大的差異是，漳州版本會在滷麵鋪上滷筍、滷大腸、滷蛋等各種滷料，展現滷麵豐富且華麗的一面，吃過印象深刻。

臺南滷麵與福建漳州滷麵作法相去不遠，據傳漳州滷麵有一千三百多年歷史[1]，我推測與臺南滷麵系出同門，理由在於：

1. 臺南多來自泉、漳移民。
2. 兩者同名為「滷麵」。
3. 元素吻合度高，麵體同樣用鹼麵、湯頭同樣以地瓜粉勾芡。
4. 烹調方式相同，同樣是麵、湯分離，裝碗前才放麵、澆入芡湯。
5. 在福建移民眾多的檳城，同樣有滷麵，且名為「福建滷麵」，可證實此為福建食物。
6. 定義相同，同樣是婚喪喜慶時，用來招待親友或工作人員的食物[2]，隨著觀光日盛，在臺南與漳州興起滷麵店，漳州甚至有滷麵連鎖店。

## 泉州滷麵：麵有鹼味，湯有花生味

泉州也有滷麵，泉州滷麵標榜「看有湯，吃沒湯。」意思是看得到湯汁，不過湯汁會在吃的過程中持續被麵條吸附，因此在品嚐時舀不太出滿匙的湯汁。

麵體鹼味超重，皂苦味明顯，店家說：「鹼味不重，泉州人不吃。」至於滷麵配料不限，可海鮮、可牛肉、可什錦，我造訪的店家就提供了一、二十種口味，最重要的是高湯一定要加花生醬，當地人認為麵有鹼味、湯有花生味，滷麵就成功了一半。

1《圖說福建：福建美食與小吃》（2012），P.54 ｜海峽文藝出版社｜張建華編著
2《閩台民間傳統飲食文化遺產資源調查》（2014），P.162 ｜歐荔｜廈門大學出版社

## 勾芡派

依照烹煮方式，福建滷麵分成兩個派系，一是漳州滷麵、一是莆田滷麵。它同時也對應到臺灣勾芡派的臺南滷麵與燜煮派的什錦麵，什錦麵多分布於小吃店與海產店。

在《臺灣閩南語常用詞辭典》裡「滷麵」的定義：「以羹湯加以勾芡的湯麵。」關鍵字是「勾芡」，普遍認為滷麵是一定要「勾芡（牽羹）」才行。

勾芡派滷麵一開始的緣起是招待親友，因此採自助式，人們自行舀取，以決定麵量或湯量多寡。轉型成商業化後，勾芡派滷麵的優點是出餐快速，一把熟麵、掛一勺芡汁，即可上桌。其次是品質穩定，整桶湯頭一致。

除了臺灣、漳州外，馬來西亞檳城也吃得到勾芡派滷麵，而不同的滷麵派別各有擁護者，一位漳州人對我說：「燜煮的那種哪是滷麵，是煮麵吧？！」至於莆田人對漳州滷麵也同樣有意見：「漳州滷麵的配料擺在滷麵上，麵是麵、料是料，味道合不起來[3]。」

3 漳州版本會在滷麵鋪上滷筍、滷大腸、滷蛋等各種滷料，展現滷麵豐富且華麗的一面。

# 勾芡派與燜煮派　滷麵兩大山頭

## 燜煮派

燜煮不算滷麵嗎？《臺灣閩南語常用詞辭典》裡對「滷」的定義：「一種烹調方式，水中加入醬油及各種香料，以小火慢慢熬煮食材。」滷肉、滷蛋、滷味就是其中的代表。

而「白菜滷」是「以大白菜為主，加些香菇、蝦米、雞蛋、紅蘿蔔、黑木耳、金針菇、豆皮等，燜煮到大白菜軟爛。」關鍵字是熬煮、燜煮，同樣也被視為「滷」，泉州、莆田、臺灣海產麵都屬於燜煮派。

臺北麗珠什錦麵（現名「名廚什錦麵」）的店門口寫著：「煮麵約30分、炒麵約40分」，說明燜煮是需要時間的[4]。臺北福華飯店蓬萊邨主廚王永宗說，「海產（炒）麵」，炒麵是做乾的，用盤裝；海產麵是做湯的，用碗裝，兩者作法大同小異，只差在湯汁多寡。海產麵使用鹼麵，配料有八成是海鮮，例如：蝦、魚丸、魚板、花枝等，再配上高麗菜、紅蘿蔔等蔬菜類，煮的過程要把麵燜一下。

4 年代關鍵字（2019-11-30）｜萬華什錦麵老店 新老闆接手延續古早味｜年代小確幸 https://www.youtube.com/watch?v=gPxrpwmAWeQ

## 莆田 中國滷麵之城

對莆田人來說，婚喪喜慶、年節聚會時會用滷麵來款待親友，當地人說：「桌菜有十道菜，其中一道一定是滷麵。」莆田在中國有「滷麵之城」封號，名氣遠超過漳州滷麵。

莆田人並有「福建的猶太人」之稱，不僅廣佈各地，而且都相當精打細算，在各領域多有成就。臺灣有家新加坡品牌「PUTIEN莆田」餐廳，創辦人方志忠就是移民新加坡的莆田人，他在世界各地開了六十多家莆田餐廳，而菜單上就有莆田滷麵。

對莆田人來說，滷麵是一定要「滷（燜煮）」才行，燜煮有兩個重要性：其一是要讓味道合而為一，不會麵歸麵、料歸料、湯歸湯；其二莆田滷麵用的是白色生麵，生麵經過燜煮，釋出的澱粉會使湯汁變稠。

不入虎穴，焉得虎子。在莆田朋友熱情地招喚下，我決定啟程前往莆田仙遊朝聖滷麵。到了莆田，吃過才能體會莆田滷麵——以蟶乾、蠔乾等熬製的湯頭那麼鮮，而肉絲、香菇、洋蔥等蔬菜、肉類味道疊合一起，滋味豐厚飽滿，對一碗麵來說，是相當具有敬意，我這才明瞭有些食物可以相傳千年，必有其過人之處。

對莆田人來說，滷麵是一定要「滷（燜煮）」才行，如此味道才會合一，湯汁才會濃稠。（圖為郊園餐廳）

我有了三個非到莆田吃滷麵不可的理由：

第一湯美：莆田滷麵必用蟶乾、蠔乾等，這是滷麵鮮味的來源，這些都是地緣關係容易獲取的食材——蠔乾來自惠安、目魚乾（墨魚乾）來自石獅、蟶乾來自霞埔，外地店家有成本考量，不一定能用到這樣的食材。

第二麵鮮：當地生產的白麵，這種生麵即使冷藏隔天都會變質，因此當地人只吃當天現做的麵條，換句話說，這麵條去不了太遠的地方，也就是出不了莆田。

第三紅菇：滷麵有時會放入紅菇，是一種當地珍貴的野生蕈，雖然也有其他省份產紅菇，不過在滷麵界裡會放紅菇的大概也只有莆田人了。

莆田朋友對我打包票，保證嚐到的是正宗莆田滷麵，除了上述三個理由外，另一個無懈可擊的理由是廚師，她說：「這主廚是莆田人，我看著他長大，他從沒離開過莆田一步，這滷麵味道跟我小時候吃到的一模一樣，這夠正宗了吧?!」

莆田滷麵適合大宴小酌，日常用料有：豬肉末、香菇、紅蘿蔔、黑木耳；若上大餐館的話，食材等級就提高許多，透抽、石蚵、蛤蜊，要放龍蝦也可以。從這些海鮮配料也可以發現，莆田滷麵跟臺灣海鮮什錦麵也很相近。

## 撇開成見，南方滷麵自有一片天

我過去總有中國「南米北麵」的概念，不過這個觀念早在唐、宋就已

（左）海鮮乾貨成為莆田滷麵湯底的要角。

（右）來自石獅的目魚乾。

經打破了。李開周在《吃一場有趣的宋朝飯局》裡提到，南宋建立後的前半個世紀，至少有三千萬北方難民陸續渡過長江，分別在江浙、福建、廣東等地定居。

這些來自北方的新移民把飲食習慣和種植習慣帶到南方，短時間內增加許多對小麥和麵食的需求，長江以南甚至曾出現過麥價比米價貴的現象，誘使南方稻農改種小麥。

南方不僅早有麵食習慣還與生活相依，滷麵行走的軌跡不輸北方，從泉漳、臺灣、日本到新馬等地都有。滷麵之所以流傳至今甚至得以遠播，除了美味之外，我想是它的結構相當靈活，配料豐儉由人、取材自由、作法單純。另外，它不僅是一道食物，也內化成生活或禮俗的一部分。

### 日本強棒麵「ちゃんぽん（cyannponn）」

有款食物跟海鮮什錦麵相近，那就是日本強棒麵「ちゃんぽん（cyannponn）」。現存最早的強棒麵專門店，是於1899年在日本長崎所開設的「四海樓」，而根據該店官網所說，強棒麵是由福州人陳平順所創[5]。目前在長崎，已有上百家麵店提供強棒麵，這種加入肉類、蔬菜、海鮮、魚板的什錦麵，還在九州、四國、近畿等地，發展出各自不同特色的地方麵。

日本強棒麵。圖片提供｜傑夫

從食材結構來看，臺灣海產麵與日本強棒麵同樣用鹼麵、同樣燜煮、配料也多以海鮮、蔬菜為主，更重要是配料中都用了魚板。從擺盤上來看，兩者均可用深盤裝，湯汁多不蓋過麵體。以時間點來看，長崎強棒麵出現於1899年，臺灣於1895年進入日治時期，且海鮮什錦麵多出現在臺式的日本料理攤、海產攤，臺灣海鮮什錦麵是不是有可能源自日本呢？

5 日本長崎強棒麵創始店四海樓。官網 http://shikairou.com

## 一起來煮滷麵吧！

### 莆田滷麵

1. 起油鍋爆香蝦米、蒜頭、蔥段。
2. 依序放入紅蘿蔔、肉絲、香菇、洋蔥、蟶乾、蠔乾、紅菇。
3. 以醬油、鹽調味。
4. 加入清水煮滾。
5. 放入抖散的生麵，不要翻動，蓋鍋燜煮一下再開鍋。
6. 下蒜苗與青菜，等入味了即可起鍋。

版本提供｜仙遊居民

### 臺南滷麵

1. 蝦米、蒜頭、扁魚、蔥珠、香菇先入鍋炒香。
2. 下高湯。
3. 紅菜頭（紅蘿蔔）、菜頭、金針菇、黑木耳放入後煮熟。
4. 放入裹魚漿的豬肉片。
5. 下白菜（白菜要接近尾聲才放，太早放會糊爛）。
6. 調味，放鹽、黑醋、白醋、胡椒粉、糖。
7. 以太白粉摻番薯粉勾芡，打蛋汁入鍋，撒上炸過的蒜頭酥。
8. 任人取碗自行打已經煮過的黃麵，掂好想要的份量，澆上芡湯，最後依照喜好，斟酌放香菜。

版本提供｜總舖師李萬

### 臺灣海產麵

1. 豬油先爆香香菇、洋蔥。
2. 放入高麗菜葉拌炒。
3. 下少許高湯與醬油。
4. 湯滾了之後，放入蝦仁、紅蘿蔔、紅蔥頭、魚板、花枝、蚵仔。
5 放入黃麵。
6. 燜煮收汁，淋少許黑醋後起鍋。

版本提供｜臺北福華飯店蓬萊邨主廚王永宗
圖片提供｜曾傑森

# 滷麵的兩大派系

## 勾芡派

**LOCATION** 漳州

**NAME** 滷麵

**湯色** 黑派（醬色滷汁）

**麵體** 鹼麵

**煮法** 麵與芡汁分開煮，入碗時合體

**LOCATION** 臺灣臺南

**NAME** 臺南滷麵或魯麵

**湯色** 白派

**麵體** 鹼麵

**煮法** 麵與湯汁分開煮，入碗時合體

**LOCATION** 馬來西亞檳城

**NAME** 滷麵

**湯色** 黑派（黑醬油）

**麵體** 鹼麵（一碗裡會放鹼麵與米粉各半）

**煮法** 麵與湯汁分開煮，入碗時合體

# 焖煮派

圖片提供｜傑夫

LOCATION 莆田

NAME 滷麵

**湯色** 白派

**麵體** 白麵

**煮法** 配料炒過後，麵與湯汁同時下鍋焖煮

LOCATION 日本長崎

NAME 強棒麵（ちゃんぽん）

**湯色** 白派

**麵體** 鹼麵

**煮法** 配料炒過後，麵與湯汁同時下鍋焖煮

圖片提供｜曾傑森

LOCATION 臺灣

NAME 什錦麵、海產麵

**湯色** 白派

**麵體** 鹼麵、烏龍麵

**煮法** 配料炒過後，麵與湯汁同時下鍋焖煮

LOCATION 泉州

NAME 滷麵

**湯色** 黑派（花生醬為主）

**麵體** 鹼麵

**煮法** 配料炒過後，麵與湯汁同時下鍋焖煮

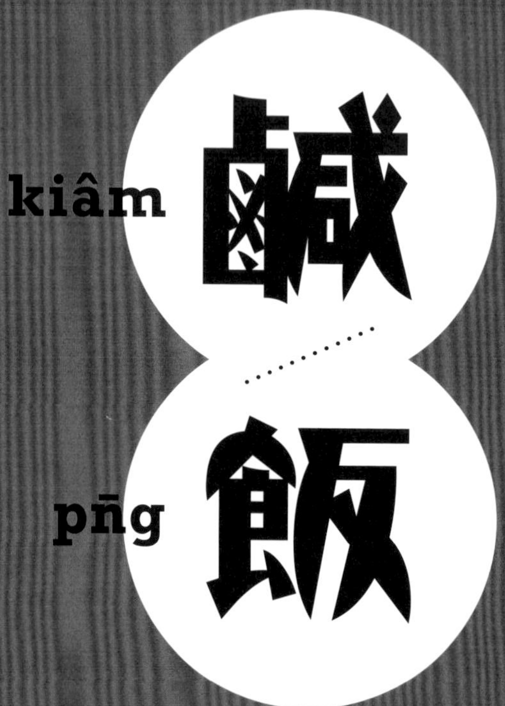


# Seasoned Rice

## 閩南

| | |
|---|---|
| LOCATION | 中國福建 |
| NAME | 鹹飯 |
| FEATURE | 在地食材 各具風味 |

## 臺灣

圖片提供｜曾傑森

| | |
|---|---|
| NAME | 高麗菜飯 |
| FEATURE | 鹹飯配排骨湯 俗成標配 |

## 最純樸的家滋味

閩南鹹飯使用與土地相連的食材，
氣味深入米飯中，貼近所有人，是真切的家滋味，
每個人多有屬於自己的鹹飯記憶，而且必然牽動與家人的情感聯繫。

| LOCATION | 中國 |
| --- | --- |
| NAME | 上海菜飯 |
| FEATURE | 青江菜與豬油 時代滋味 |

### 檳城

| LOCATION | 馬來西亞 |
| --- | --- |
| NAME | 大山腳芋頭飯 |
| FEATURE | 黑醬油打底 當地認證 |

## 臺灣鹹飯 高麗菜飯獨大

閩南的鹹飯隨著移民者腳步來到臺灣，在農業時代佔有一席之地。「鹹飯」一詞最早躍上報紙版面是在1935年的《台灣日日新報》，標題為「美味的台灣料理食譜——什菜飯」[1]，還詳細介紹了配料與作法[2]。

鹹飯用料豐儉由人，多數閩南家庭都會做，就跟北方人的水餃一樣，家家各有版本，即使沒有特定食材，還是能憑靠著作法與名稱尋到線索，從閩南到臺灣、金門、馬來西亞都有。

原是家滋味的鹹飯，到了臺灣便被商業化了，然而運勢似乎沒有炒飯好，臺灣到處可見炒飯攤卻少見鹹飯攤，而且單以高麗菜飯一款獨大；傳到金門與馬來西亞，則是以芋頭飯一款獨大。

臺灣招牌上通常寫著「古早味高麗菜飯」，與排骨湯成標配套餐組。作法有兩種：一種跟閩南鹹飯一樣是生米燜煮成熟飯；一種是直接把高麗菜滷、肉末澆蓋在白飯上，比較像丼飯，特別集中在彰化北斗一帶。後者還可以稱為高麗菜飯，但就不能稱做鹹飯了。

臺灣古早味高麗菜飯＋排骨湯，成為臺版鹹飯的常見標配。圖片提供｜曾傑森

### 臺南新化大坑讓鹹飯再生

臺灣還有款與宮廟文化結合的鹹飯，臺南新化大坑里把式微的鹹飯結合民俗信仰，變成具有地方特色的觀光活動，「大坑尾擔飯擔」與聖母宮宋江陣廟宇文化還被列入臺南市定的文化資產保存，把鹹飯規格化後命名為「大坑鹹飯」[3]。

1 1935-03-12｜美味的台灣料理食譜一什菜飯 06 版。《台灣日日新報》

2 配料有蔥、青豆、蟹肉、豬油、蛋絲、豬肉、筍、香菇；烹調法並非生米，而是以冷飯下鍋烹煮，其餘作法與鹹飯同。

擔任聖母宮主委的大坑里長黃永源說，「一百多年前，人們以務農維生，農收時全村人一起出動，主人家便會煮鹹飯答謝義務幫忙的村民。」當地有一半泉州移民、一半平埔族後代，鹹飯在新化大坑尾落腳已有上百年歷史，源於泉州人對鹹飯的情感，至今仍保留「擔飯擔」傳統——人們挑著扁擔，一邊裝飯、一邊裝湯，舉行廟會時用來招待陣頭、抬轎人與遊客。而這樣一飯一湯，也跟我在閩南一帶所吃到的組合相同。

鹹飯不拘格式，表現的是家滋味。
圖片提供｜莊慧如

## 馬來西亞鹹飯這樣配！

到大山腳益美園833吃芋頭飯，別忘了點「豬什鹹菜湯」，酸鹹適中，還有肉丸、三層肉、瘦肉、內臟等滿滿配料，當地有句話說：「沒吃過芋頭飯，等於沒到過大山腳。」

位於馬六甲板底街的無名芋頭飯、肉羹湯，創始者為福建永春人，已經營有80年歷史，搭配芋頭鹹飯的湯，是瘦肉裏地瓜粉的肉羹湯。

3 規定鹹飯要用大爐灶，底下以龍眼木燒，豬油炒香雞肉、魷魚及五花肉、香菇、蝦仁，倒入醬油調味，放入生米拌炒，最後加入熱水燜熟，等約五、六分熟時掀蓋翻攪，再燜至全熟。

## 閩南鹹飯 各具風味

在懷舊風潮影響下，鹹飯在閩南一帶也被商業化了，在閩南隨處可見鹹飯專賣店或連鎖店，有菜脯鹹飯、芥菜鹹飯、芋頭鹹飯、五花肉鹹飯等，不過並非現做，而是烹煮好後把鹹飯放進保溫電鍋裡，味道自然比不上現做。

泉州人對鹹飯有深切的情感，《舌尖上的中國》[4]就有一集專門介紹泉州沙地白蘿蔔鹹飯。我在泉州吃過牛肉鹹飯，泉州市區牛肉湯店林立，看到菜單上寫「牛肉鹹飯」以為是牛肉的鹹飯，一送上桌才知道是指不特定鹹飯搭配一碗牛肉湯，此為泉州人日常。

我還在福建莆田吃到很厲害的鹹飯，用料以海鮮乾貨為主，有干貝、海蠣乾、蟶乾，心想這鹹飯用料這麼高檔？朋友告訴我，早年靠海地區物資缺乏，以現代眼光看來是高檔，當時是「窮得只剩下海鮮」，那些在莆田都算尋常食材。

我借宿漳州市雲霄縣朋友家中，朋友母親早上現煮的南瓜鹹飯才厲害，她看到我拿相機猛拍，靦腆說：「這有什麼好拍的啊？」因為它太家常，家常到甚至被認為不值一提，然而朋友母親廚藝了得，該燜、該翻拌，火候都熟練；南瓜甜，米飯吸附南瓜香氣，米飯口感彈牙，是我目前吃過最好吃的鹹飯。

鹹飯各具地方特色，如：永春、德化人吃筍飯。泉州市區、石獅、晉江人常吃紅蘿蔔鹹飯。南安人會在小孩周歲時吃土豆仁飯[5]。我還在馬來西亞檳城與馬六甲吃過芋頭飯，特色是會加黑醬油並用當地的長米，整碗看起來黑黑的但並不鹹。

純樸的鹹飯不講究妝點，擺明就是用來吃飽的農家食物，鹹飯裡的都是來自土地上具生命力的食材，扎扎實實，是真切的家滋味，貼近所有人，每個人多少都有自己的鹹飯記憶，而且必然牽動與家人的情感聯繫。

4 《舌尖上的中國》第二季｜福建泉州蘿蔔飯

5 林智傑、李少鈞（2014-05-03）｜舌尖上的鹹飯 泉州人的家常主食。《石獅日報》

## 我在福建吃過的鹹飯

鹹飯配料常取決於當地的盛產或手邊有些什麼食材，
這些是我在閩南當地吃到的鹹飯，非常有意思。

莆田
海鮮鹹飯

漳州
菜脯鹹飯

泉州
芥菜鹹飯

雲霄
南瓜鹹飯

## 莆田鹹飯做法

以莆田鹹飯為例，各地作法相近：

1. 熱鍋，放五花肉煸出豬油，放入蒜頭、蔥末、筍乾、薑拌炒。
2. 放干貝、蚵仔乾、蟶乾一起炒。
3. 放入泡水生米，加入醬油、鹽。
4. 放入水，水量蓋過米，用小火燜熟。
5. 起鍋前撒花生碎、菜脯、蔥末再拌一下即可上桌。

**綜觀各地鹹飯作法，歸納三個要點**

| 1 | 2 | 3 |
|---|---|---|
| 要有豬油香 | 要炒料，<br>並以生米煮成熟飯 | 要放調味，<br>有鹹才叫鹹飯 |

要掌握火候、水量、油量、鹹度，在不同食材的混合下，還要拿捏米粒的軟硬度，關乎個人經驗。而且食材味道要能滲入米芯裡，食材與米飯才有相互加乘效果，說來要煮出一鍋稱得上厲害的鹹飯並不容易。

# 各地鹹飯比一比

花生脆、菜脯甘鹹、
海味足，好好吃！

LOCATION　臺灣

NAME　高麗菜飯

烹煮　生米或熟飯

配料　蝦米、高麗菜

配湯　排骨湯

圖片提供｜曾傑森

LOCATION　閩南

NAME　鹹飯

烹煮　生米

配料　常見白蘿蔔、南瓜、排骨、竹筍、高麗菜等

配湯　牛雜湯、小腸湯、冬瓜湯、海帶湯等

LOCATION　上海

NAME　菜飯

烹煮　生米或熟飯

配料　常見家鄉肉、雪裏紅、青江菜等

配湯　不特定

LOCATION　馬來西亞

NAME　芋頭飯

烹煮　生米

配料　蝦米、油蔥、芋頭

配湯　豬什鹹菜湯、肉羹湯

sù kó thng

# 四果湯

# Mixed Sweet Soup

臺灣

| NAME | 四果冰、四果湯 |
| --- | --- |
| FEATURE | 質變最大 |

備註：各地四果湯的叫法不同，泉漳稱為四果湯；臺灣是四果湯與四果冰混用，像新竹北門老街早點甜湯稱四果湯、桃園中壢范阿婆冰店稱四果冰、臺南麻豆龍泉冰店稱四果冰；彰化員林清記更靈活，夏天叫四果冰、冬天叫四果湯。

## 真心為你好的甜湯

四果湯是一道夏日古味甜湯，
你知道的四果湯指的是四款蜜餞、四種水果，還是以上皆非？
來自泉漳的四果湯，從中醫的角度來看配料，
會發現古人是這樣用心地為你好。

### 馬來西亞

| | |
|---|---|
| NAME | 四果湯、清補涼 |
| FEATURE | 風味最傳統 |

### 漳州

| | |
|---|---|
| LOCATION | 中國福建 |
| NAME | 四果湯 |
| FEATURE | 店數最多 |

# 真心為你好的四果湯

每個年代都有各自代表的冰品，我幼年時的冰品暢銷排行榜中，紅豆牛奶冰、布丁牛奶冰大概就是天王天后了，現在則幾乎是芒果冰、芋泥冰的天下。有些老店選單上雖有「四果湯」，卻總是孤零零地敬陪末座，少人搭理。

有一年我到漳州旅行，發現四果湯專賣店林立，簡直是到了「給我四果湯，其餘免談」的地步。接著在馬來西亞檳城也遇上四果湯，版圖出乎意外的廣大。它很可能是隨著福建泉漳移民腳步來到臺灣、新馬一帶，幾乎有賣四果湯的攤子，都能遇上福建人或其移民後代。

隨著時代變遷，四果湯已經成了「四果各表」的甜湯。根據我的走訪心得，馬來西亞的味道最傳統、漳州的專賣店家數最多、臺灣的變化性最大，因為風土時空的變化，造成了這些差異性。至於為什麼取名為「四果湯，真的只有四種嗎？漳州耆老表示，原本只有綠豆、石花凍、仙草、銀耳四種配料，隨著物資豐富、經濟條件好轉，多了紅豆、薏仁等配料，現在為了商業考量更不得了，已經多到13種[1]；臺灣也是如此，彰化員林清記冰果店現在已經不賣四果冰，因為「四果冰的配料越放越多，就改叫八寶冰，後來數量到了十種，就改叫蜜豆冰了。」

1 包括：銀耳、雪蓮子、鳳梨、大紅豆、西瓜、仙草、亞達子、薏仁、地瓜、芋頭、綠豆、石花凍、豌豆仁。

漳州四果冰為了商業考量，有的店家配料數量已經多達13種。（圖為漳州公園臺灣鑫鮮雞排四果冰）

四果冰的配料越放越多，從四種變到十種。（圖為清記冰果店）

## 體內消暑，只應夏日有的甜湯

廣東糖水多以養生滋補聞名，福建若也要拿出一個代表，就非四果湯莫屬了，其配料多具有清熱祛濕功效，是真正從體內消暑降火氣，而非用刨冰降溫，貪圖外在一時涼快。

禾康中醫診所院長黃雅媜表示，食材不會說話，但會透過顏色說明它與人類身體的對應關係。她從中醫五色、五行、五臟角度談四果湯，五色指的是青赤黃白黑、五行指的是木火土金水、五臟指的是肝心脾肺腎。

綠豆（青色）對應到木也對應到肝，可清肝熱、解肝毒。紅豆（赤色）對應到火也對應到心，可補心血、利尿。薏仁（白色）對應到金也對應到肺，可調理肺熱、消水腫、美白。在沒有冷氣的年代的人們，夏日酷暑往往讓人缺乏食慾，來上一碗四果湯，內含的豆類有營養又讓人有飽足感，還可祛濕解熱，一舉多得。

漳州的四果湯強調要加「亞達子（一種木薯澱粉做成的丸子）」。

夏天容易流汗，水分流失，若沒有適時補充水分就容易便秘，尤其腸胃疲弱者，吃了含有多樣豆類的四果湯就容易脹氣，好在四果湯裡還加了銀耳、石花凍、仙草這類含有膠質的食材，具潤腸解便功效，破解原本脹氣的缺點；漳州有的四果湯糖水裡會加陳皮一起煮，陳皮可消除食用豆類的脹氣，亦有開胃健脾、燥濕化痰之效，不免要讚嘆古人的智慧真是高招！

四果湯原有季節性，然而馬來西亞的四果湯店一年到頭都賣，因為馬來西亞靠近赤道，全年氣候潮濕炎熱。漳州老店只賣4至11月，畢竟是祛濕涼補的食物，冬天吃不就越補越涼？

## 傳統四果湯有養生概念

傳統四果湯其配料多具有清熱祛濕功效，是真正從體內消暑降火氣，而非用刨冰降溫，貪圖外在一時涼快。

仙草
黑
水（腎）

綠豆
青
木（肝）

紅豆
赤
火（心）

黃
土（脾胃）

銀耳
白
金（肺）

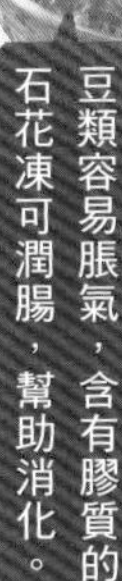

豆類容易脹氣，含有膠質的石花凍可潤腸，幫助消化。

# 臺灣四果湯是水果還是蜜餞？

至於臺灣四果冰的發展如何？臺灣有些水果產地會把過剩的水果製成可長久保存的蜜餞，因此部分地區的四果冰配料就變成蜜餞，這也讓很多人認定四果冰就是要放四種蜜餞。作家張曼娟在《沒有水果的四果冰》中寫，「四果冰是木瓜籤、楊桃乾、蜜餞李和烏梅，其他的蜜餞當然也可以選擇。」[2]彰化員林清記冰果室第三代戴逸證實了這點，「清記五、六十年前的四果冰配料是紅豆、綠豆、番薯跟大豆，由於員林的名產是蜜餞，後來就把蜜餞跟蜜鳳梨也加進去。」

臺灣夏季盛產水果，現在甚至有店家把四果湯解讀成「放四種水果的冰品」，那個不是應該要叫「綜合水果冰」嗎？我們甚至可以從一個人對四果湯的定義，看出他是屬於哪個年代的人。

臺南新營日日新冰城原本四果湯會放木瓜籤、番薯糖，隨著製作蜜餞的老師傅凋零，改放葡萄乾、軟糖（當地人稱為燕菜角）這類久放不壞的加工食品，一則食材來源穩定，二則成本低廉。

2 臺南新化共益冰果室的四果冰配料就是：蜜餞李（李仔鹹）、木瓜籤、楊桃乾、紅李。

## 到底是四果「湯」還是四果「冰」呢？

湯或冰有那麼重要嗎？在馬來西亞，四果湯仍保持「湯」的狀態，載體是冰水而沒有冰。在臺灣，名稱上從「湯」逐漸轉成「冰」，代表了四果湯身份上的轉變——從獨具祛濕涼補角色，變成眾多冰品之一。

重點變成在「冰」而不在「四果」，因為人們第一個念頭是想要吃冰，第二步才考慮吃什麼冰？使得它不得不與當紅的芒果冰、芋泥冰奮戰，看似是進入了主流市場，實質是失去了優越性的差異化。

總歸來說，四果湯雖有其名，卻隨著時間逐漸成為各自表述的食物。尤其臺灣四果湯正在質變當中，配料從一些天然食材變成加工蜜餞，又變成新鮮水果，失去原有意涵。

我們要能明白——喜歡的，並不一定對你好。我們都喜歡油炸脆薯、冰涼可樂，吃的當下療癒極了，但苦果在後。如果我們能重新認識四果湯，即使臺灣一年四季都賣冰，永遠都提供十多種配料選擇，只要能清楚自己的體質，懂得在什麼時節選擇什麼配料，就能打造自己的四果湯，四果湯就可能從現在的「名存實亡」變成「名亡實存」。

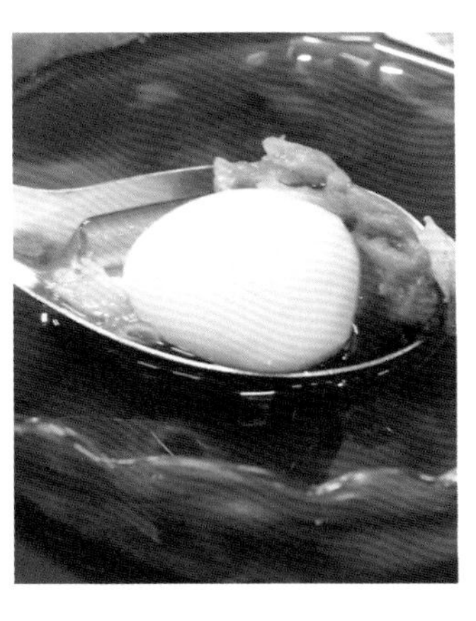

各地四果湯配料各異，圖左至右分別為馬來西亞檳城、太平、金寶四果湯。

LOCATION 漳州

NAME 四果湯

| | |
|---|---|
| **傳統版** | 綠豆、薏仁、紅豆、仙草、銀耳 |
| **現代版** | 豆類、石花凍、西瓜等約十多樣 |
| **冰水** | 糖水加碎冰塊 |

現刨石花凍吃起來清涼滑溜。

夏日別忘了來碗四果湯！

LOCATION 馬來西亞

NAME 四果湯、清補涼

| | |
|---|---|
| **配料** | 石花凍、龍眼乾、銀耳、綠豆仁、仙草等 |
| **冰水** | 冷糖水、常溫水 |

馬來西亞在福建移民多的地方稱四果湯，在廣東移民多的地方稱清補涼（泛指清熱祛濕的湯品）。

# 四果湯比較

LOCATION 臺灣

NAME 四果湯、四果冰

| | |
|---|---|
| 傳統版 | 紅豆、綠豆、菜燕、仙草等 |
| 現代版 | 木瓜籤、楊桃乾、蜜餞李和烏梅等 |
| 冰水 | 刨冰、香蕉冰 |

在臺灣，一般四果冰多用清冰，不過在嘉南平原卻常見香蕉冰。香蕉冰是一種以香蕉油、奶粉製成的乳白色冰品。臺南新營的日日新冰城、白河的竹門鈺雪冰枝店、後壁的和興冰果部、後壁的溱老冰店（已歇業）都是用香蕉冰做四果冰。

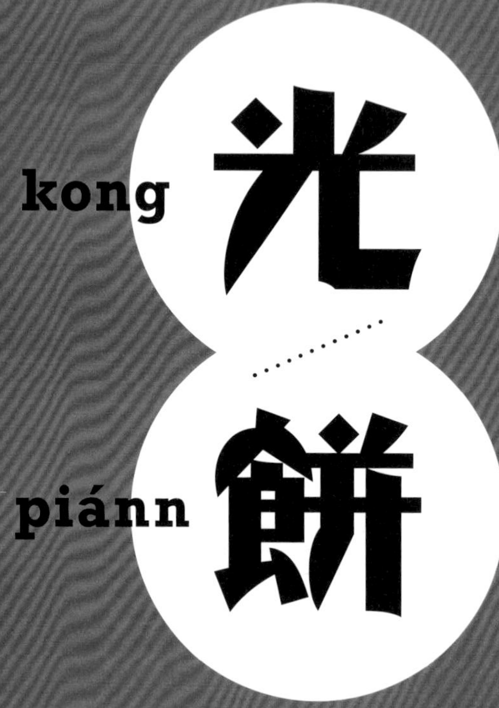

# kong 光 piánn 餅

## Chinese Bagel

### 建甌

| LOCATION | 中國福建 |
| --- | --- |
| NAME | 光餅 |
| FEATURE | 硬脆有聲 越嚼越香 |

### 臺灣

| NAME | 繼光餅、鹹光餅、光餅 |
| --- | --- |
| FEATURE | 神明加持 吃下肚的平安符 |

## 有福州人的地方，就有光餅的蹤跡

光餅與其他餅最大的不同，在於能以繩貫穿，這條線穿越歷史與地理，
串起四百多年前的戚繼光，
串起福州、臺灣與詩巫，串起現代與過去的對話。

| | |
|---|---|
| LOCATION | 馬來西亞砂拉越 |
| NAME | 光餅 |
| FEATURE | 吃法多樣化 炸煎炒烤上桌 |

### 福州

| | |
|---|---|
| LOCATION | 中國福建 |
| NAME | 繼光餅、戚公餅、光餅 |
| FEATURE | 光餅多樣化 風味各不同 |

## 光餅世界好精彩

我拿起鹹光餅，抹上一坨草莓果醬，喝一口熱咖啡，光餅進入了現代感的文青咖啡館裡，似乎化身成了西方色彩濃厚的貝果（Bagel）、司康（Scone）而與現代人對話，若大家能接受西方糕餅，何不回過頭來試試擁抱傳統中式糕餅？

明朝戚繼光這個傑出軍事家、平倭名將，他曾經擔任福建總兵，並肅清福建一帶倭寇。如果當時不是他為了讓士兵行進間亦可進食，而想到把餅打孔以繩貫穿，懸掛身上的話，我現在就不可能坐在咖啡館裡吃光餅了。

事實上，早在光餅出現前，就有一款名為「花餅」的餅，餅上貼滿芝麻，只是沒有打洞，上溯可推至五代[1]。我猜戚繼光很可能是在花餅的基礎上進行改良，他成為福建人心中的英雄後，光餅名氣直直蓋過花餅，成為福州人點心。

從明代起，福州就一直是福建的首府，如今只要看到光餅，當地多半有福州人——我走訪中國福州，臺北大稻埕、基隆、馬祖到馬來西亞詩巫，都發現了光餅，也都發現福州人的蹤跡。

在馬祖，光餅會被夾入與西方漢堡相近的餡料，稱為「馬祖漢堡」。（圖為馬祖南竿918餐廳）

## 馬祖南竿超群繼光餅

福州有不只一種光餅，福安光餅餅皮不沾芝麻、餅皮光亮如銅鏡。福清光餅餅面沾芝麻、不打洞，接近花餅；而馬祖光餅師承福清作法，中打一孔洞，單吃夾餡均宜；還有一種建甌光餅把肉末、胡椒、蔥花混入麵團中，從外觀就能看到配料，被烤焦的蔥花特別香，餅本是扁平硬脆的，掰都不容易掰斷，得動用臼齒才咬得動，是一款很耐嚼的點心。

在福州還有洪山橋光餅、建陽光餅等，各有特色，這才知道，光餅的世界遠比我理解得精彩太多。

建甌市在福建南平市內，建甌光餅的特色是硬脆蔥香，有別於多數臺灣人所熟知的光餅。

傳統光餅採貼爐製作，老闆 3 分鐘可以貼上 200 片。（圖為馬來西亞詩巫順記光餅）

1《閩雜記》〈花餅〉（清）| 施鴻保

## 臺灣的光餅風景：同宗教有關

光餅的種類很多，吃法就更多了，而吃法也反映出當地人如何看待光餅。臺灣的光餅跟宗教民俗的關聯性強，並有平安的象徵，以單吃為主。臺北新莊、大稻埕與艋舺，這三處保有宮廟文化，也是光餅的大本營，當地一些傳統餅舖到了廟會期間會停掉所有糕餅製作，只做光餅一項。

大稻埕人陳忠信說，早年人們到廟裡拜拜，會把光餅用布巾捲成一落，作為祭祀的供品，久而久之就成為廟會必備的食物，「軒社的人在廟會開始前、廟會舉行時要吃素，素光餅方便攜帶、不易壞，是很好的選擇。」深耕大稻埕的舒喜巷負責人黃飛霖說：「軒社在廟會遶境舉辦前，也會號召軒社支持者贊助鹹光餅，捐助的鹹光餅在祭典繞境期間分送，有時鹹光餅捐助數量會多到要用發財車載。」2020年受到疫情影響，廟會遶境可以取消，但光餅依舊發送，一定要吃[2]。

因為與宗教連結，不單是光餅就行，還需加持，也就是要蓋上廟章或宮印，光餅才被賦予保佑人們平安的神力，又稱「平安餅」。萬華涼粉伯的女兒辜凱鈴說：「每年艋舺大拜拜，父親一定要實踐兩件事：一是要看到靈安尊王轎、二是要吃到光餅，代表一整年都平安。有一年他沒吃到光餅，就覺得心裡怪怪的。」

光餅在臺北被賦予宗教用途、加上預算考量，光餅出現了變種，連外型都變得很像甜甜圈。傳統光餅的特性是熱的好吃，冷掉就變硬，很難咀嚼，然而遶境時間長，到手的光餅往往是冷的，不覆熱就不好吃，坊間便研發出類似蘋果麵包的光餅，成本較低，可常溫久放，口感柔軟易食。

2 吳亮賢、胡瑞玲（2020-06-22）｜百年首見！新莊大眾爺取消暗訪 千斤鹹光餅「呷平安」。《聯合報》新北即時報導

臺灣光餅因與宗教連結，需神明加持，也就是要蓋上廟章或宮印，光餅才被賦予保佑人們平安的神力，又稱「平安餅」。

圖片提供｜黃飛霖

## 兩岸光餅對談

說到光餅冷掉變硬這個特性，對福州人來說也很傷腦筋。福州市區路邊有些小吃店會把光餅事先夾好了餡，放在蒸籠裡保溫，人們購買時，還能吃到熱的光餅。然而福州日報社《家園》編輯部總監陳珺對此感到可惜，「光餅最特別之處在於外酥內韌的口感，用蒸籠保溫，水氣太重，錯過了光餅口感最妙的地方。還是買回家後用平底鍋把兩面加熱一下，或放到烤箱覆熱最好。」

到原產地福州吃光餅一直是我的心願，我在臺北的福州餐廳裡吃到「光餅夾蚵蛋」，店家說這就是福州菜，我好奇福州當地真是這樣吃的嗎？我到福州找到了答案——陳珺說福州少蚵仔，光餅不會夾蚵蛋。那福州人怎麼吃呢？她說夾紅糟肉、米粉肉（粉蒸肉）或辣菜[3]。並反問我臺灣還怎麼吃？我說馬祖人夾生菜、豬肉、蛋，稱為「馬祖漢堡」。她說：「臺灣比福州更早接受西方飲食，用漢堡的概念詮釋光餅是一件有趣的事。」

那次的「兩岸光餅對談」對我來說深具意義。首先，臺北光餅的功能導向似乎大過美味，我慢慢忘卻了光餅是美食的事，而聯想成如發糕般的節慶儀式食物——很多人家中的發糕拜拜完就丟掉，不知道是先不好吃才丟掉，還是店家發現發糕拜完就丟掉，才做出好看不好吃的發糕。光餅也是，上面蓋的是哪個宮廟的章，比是哪家的光餅來得重要。

## 老麵麵香才是傳統光餅的本質

陳珺提醒了我，傳統光餅不若豬油是靠油香撐場面，只靠老麵、鹼水、鹽製作，外酥內韌、純粹的老麵麵香才是本質，尤其是傳統貼爐光餅，貼爐面的脆底、炭火香，是烤箱無法取代的口感；現代光餅還加入了奶粉、豬油等配方，作法也從原本爐貼變成烤箱烤製，最後成為一個長得像光餅的西式麵包。或許隨著時代進程，成為不得不的演變，然而這又何嘗不是我們忽略了光餅純粹的本質有多美好呢？

馬來西亞詩巫的傳統貼爐光餅。

## 跨越種族的光餅

我在馬祖、東馬詩巫都吃過貼爐光餅，現代仍有人願意彎腰伸手到高溫的火爐內赤手貼光餅，是一件值得珍惜的事。

西馬來西亞早餐很普遍見到海南麵包配海南咖啡[4]，海南麵包是馬來西亞經過英殖民時期後所留下的西方飲食習慣，不抹草莓醬，但抹奶油、咖央醬[5]。而東馬詩巫人在早餐店裡是吃光餅，同樣抹奶油跟咖央醬，配海南咖啡。

馬來人受宗教因素影響不吃豬肉，但喜歡光餅，我在詩巫的齋戒月市集裡，發現夾了雞肉餡的光餅，光餅跨越種族界線而發揚光大了。異地的人們以自己可以接受的方式詮釋光餅，讓光餅有了不同語言與風味，這便是我想傳達的人離不開食物、食物離不開人的概念，我想如果戚繼光知道光餅比他征服的人還要多、版圖還要大時，不知道心裡做何感想呢！

3 辣菜是把芥菜苗、娃娃菜細切後加鹽擠出水分，再經過拌炒而成。

4 馬來西亞在英殖民時期之後，留下喝咖啡、茶的西方飲食習慣，早年海南咖啡多數是由海南人經營的咖啡店所販售的咖啡。

5 咖央醬是東南亞常見醬料，以班蘭葉、椰漿、鴨蛋、砂糖、奶油隔水加熱製作而成。

# 光餅的多種吃法

LOCATION 臺北

FEATURE **夾蚵蛋**

把鮮蚵與打散雞蛋拌炒過後夾入光餅內，光餅就搖身一變，從街頭小吃成為上得了檯面的福州菜。

**夾蚵蛋**

**做漢堡**

LOCATION 馬祖

FEATURE **夾豬肉、生菜、蛋**

夾入與西方漢堡相近的食材，藉此吸引飲食西化的年輕世代，試圖拉近兩者距離。

LOCATION 福州

FEATURE **夾酸菜、紅糟肉、米粉肉（粉蒸肉）**

福州人夾餡的紅糟肉也很具福州風味，肉類單吃口味偏重、易膩，夾入光餅有中和的效果。

**夾辣菜、紅糟肉、米粉肉（粉蒸肉）**

**LOCATION** 馬來西亞

**FEATURE** 烤光餅

光餅烤過覆熱後，夾入以黑醬油炒過的豬肉末，是詩巫人最普遍的光餅吃法。

**FEATURE** 湯光餅

夾入滷肉，把光餅浸在滷汁裡，光餅不至於泡到全濕軟綿綿的程度，但吸了一點滷汁，吃起來濕潤也比較柔軟。

**FEATURE** 炒光餅

炒光餅是把光餅切塊後與豆芽菜、豬肉末、蛋同炒，類似臺灣眷村菜「炒餅」。

**FEATURE** 炸光餅

光餅油炸加熱也是一種，而且味道更香（當然熱量也更高），炸光餅夾豬肉末也好吃。

**FEATURE** 馬來光餅

馬來人受宗教因素影響不吃豬肉，但喜歡光餅，把原本的豬肉末夾餡改成了雞肉餡。

**光餅是詩巫福州移民後代的日常，為了光餅覆熱一事還創出了好多種吃法呢，我就蒐集到了光餅界的同花順——烤光餅、炸光餅、湯光餅、炒光餅還有馬來光餅。**

# Tribute Candy

## 一顆牽動漳州、廈門、臺灣、金門與南洋的甜點

一顆貢糖，描繪出廈門人的生活日常、漳州人的驕傲，
勾勒出臺灣離島近代軍事史，還揭開了一段金僑的南洋移民史。

| LOCATION | 中國福建漳州市龍海市 |
| --- | --- |
| NAME | 貢糖 |
| FEATURE | 廈門薄餅的靈魂 |

### 金門

| LOCATION | 臺灣 |
| --- | --- |
| NAME | 貢糖 |
| FEATURE | 軍人的伴手禮 |

## 金門貢糖與阿兵哥

我想臺灣男人一生中最緊張的時刻之一，莫過於服兵役時抽籤了，籤王就是金馬獎——到金門或馬祖等離島戰地服役。在1992年金門與馬祖兩地解除戰地任務之前，這些服役的軍人長達半年、一年才有機會回本島一次，免不了帶個當地名產回鄉，在高雄左營服役的就帶豆瓣醬、在金門服役的就帶貢糖，這些軍人就成了貢糖最佳代言人，金門貢糖因此名噪全臺；直到後來行旅廈門，才知道貢糖也是廈門人的日常。

目前金門尚存兩家生產竹葉貢糖的店家，竹葉可隔絕花生油氣，又可回饋香氣給貢糖，一舉兩得。

金門貢糖源於閩南是可考的，原因其一是金門百年老店名記貢糖，前身為泰利發糕餅店，貢糖技藝源自漳州東山島漢餅師傅。其二是以竹葉貢糖聞名的金瑞成，貢糖技藝源自廈門漢餅師，且至今仍延續以竹葉包覆貢糖的傳統，負責人洪松柏說烈嶼（小金門）不產竹葉，貨源來自廈門或臺灣本島，按理說，發源地是會採用當地產物進行生產，而不會無中生有，「竹葉不是我們自創，是阿公那代就延續大陸那邊的傳統。」只是我在廈門未見竹葉貢糖的蹤跡。

得靠經驗，才能掌握麥芽糖的火候。

## 白水貢糖尋跡去

我問廈門朋友，哪家貢糖最有名？朋友告訴我，貢糖多源自於漳州市龍海市底下的白水鎮，白水貢糖最為有名。於是我便展開了一段貢糖的追尋之旅，由友人駕車載我前往龍海市白水鎮，途中看到路標寫著「白水貢糖基地」，朋友笑說：「聽過飛彈基地、太空船基地，還沒聽過貢糖有基地的，規模恐怕很驚人。」

我們先抵達了當地最知名的貢糖專賣店，說明來意之後，店員指著自家名片說：「先打個電話再到這個地址，應該是開放參觀的。」我看到地址寫著：「樓埭工業區」，下面就沒有文字了，沒有路名也沒有A棟、B棟，代表規模大到不用路名吧。

觀光工廠屬於食品工業範疇，不是我想尋訪的方向。所幸遇到願意陪我一起探險的朋友，經過一路走訪，得知貢糖傳統製作廠家，多集中在白水鎮下的白水村與樓埭村，兩村加起來約十多家，規模大小不一。

我們走入當地菜市場裡一家傳承三代的正興貢糖，至今仍維持部分手工製作。老闆蘇國泉在後門起鍋煮麥芽糖，揚起勺子，依隨之滴落

傳統貢糖共有三層包裝紙，外層紅、內層白，還墊著一層塑膠紙。沒有黏膠，最後一步會把紙尖塞入縫口，包好的貢糖顯得有些臃腫，像冬天穿了棉襖的小寶寶。

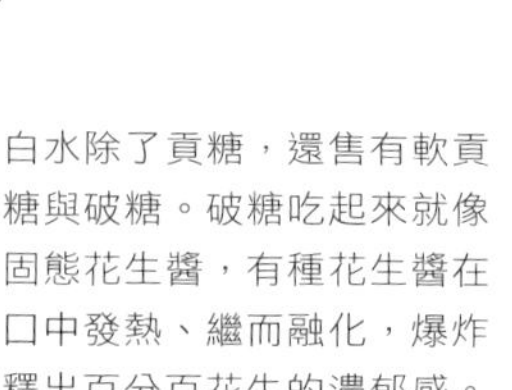

白水除了貢糖，還售有軟貢糖與破糖。破糖吃起來就像固態花生醬，有種花生醬在口中發熱、繼而融化，爆炸釋出百分百花生的濃郁感。

## 胭脂紅的白水貢糖

白水貢糖的傳統外包裝為一款紅紙。當地人說，若是手上有水氣，紅紙是會染紅手的，以前的人會用這紅紙抿唇作為胭脂，用這紅紙擦拭白煮蛋的蛋殼，成了做壽的紅蛋。我看著負責包裝貢糖的婦人手指因為長時間接觸，已經是紅手指，想必越靠近過年就越紅豔豔，這紅是喜慶紅、是青春紅、是扎實紅、是女人紅。

切塊的白水貢糖，頭尾碎屑部分也有人買，廈門薄餅會摻入碾碎的貢糖，既然都要碾碎，不如直接買不成塊的貢糖，價格比較便宜，又達到物盡其用的效果。

的麥芽糖結晶來判斷黏稠度，等到糖色翻轉成褐色，再倒入花生顆粒翻攪，當花生被包覆在透明麥芽糖後，隨之起鍋，放入糖粉中。

接下來進行「壓皮」，把這花生糖膏經過反覆八、九次機器輾壓，直到成為像柔軟布匹的糖酥片，這就是貢糖的「外皮」。師傅趁熱向兩側拉寬延展，在表層覆蓋花生粉，再由長邊像捲心餅那樣把花生粉捲在內，外型整成像根細棍，然後切割成約二立方公分大小，就成貢糖了。

我現場看到的是機器輾壓花生糖膏，我好奇早年貢糖真的是「摃（kòng）」出來的嗎？「摃」是臺語「棒打而成」之意，洪松柏證實此說，「1975年前小金門沒有電力，那時還是下有石頭、上以棍棒敲打花生糖膏。」

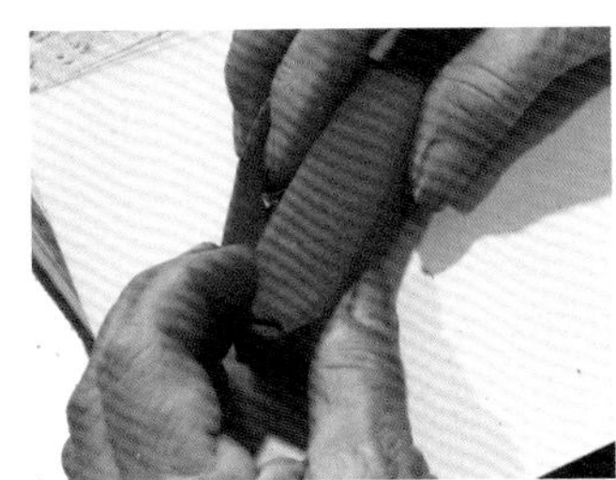

## 拆解白水貢糖

### 製作花生糖膏

把麥芽煮到一定的黏稠度。

倒入花生。

麥芽糖包覆花生。

起鍋，倒入糖粉中。

### 壓皮

替花生糖「壓皮」，先以人工，後放入手動機器內。

把花生糖膏經過反覆八、九次機器輾壓，形成如柔軟布匹的糖酥片。

## 整型

7 趁熱將糖酥片向兩側拉寬延展。

8 鋪上花生粉，同捲心餅般，將花生粉捲在內層。

9 捲成細長條型，調整粗細均勻。

10 切割成約2立方公分大小即可。

備註：感謝漳州市龍海市白水鎮傳承三代的正興貢糖協助拍攝

完成！

## 從貢糖發現「金僑」落番的南洋

有一次，在馬來西亞檳城逛菜市場時，意外發現有個攤子原本是賣現做潤餅皮，隔了兩年後去，另起了一個櫃位，專賣貢糖包潤餅，我納悶金門貢糖怎麼會出現在馬來西亞？而且還一樣把貢糖包在潤餅裡吃。

一探之下才知道，馬來西亞有許多金門移民後代，而且不只馬來西亞，印尼、新加坡、汶萊、菲律賓、越南等，整個東南亞都有金門人蹤跡。金門人搭船到廈門再輾轉到南洋，這條海路被稱為「落番」，2012年有部紀錄片《落番》，說的正是金門人移民南洋的歷程。

金門人從1860年到1949年總共有四波到南洋移民潮，採用的是「連鎖式移民」，也就是一批移民者到了南洋之後，當生活站穩腳步，呷好道相報，再招攬同鄉或同族過去。時間一久，在異鄉落地生根、結婚生子，人數化零為整也相當可觀，據非正式統計，截至2004年為止，海外金僑人數約有七十多萬人，其中以新加坡人數最多[1]。

他們在南洋發展有人成有人敗，其後代許多成為國際級富豪，如：印尼船王黃進益、新加坡大華銀行集團創辦人黃慶昌、馬來西亞富豪楊忠禮、汶萊地產大亨吳景添（明星吳尊父親）等，他們即使已經是第二代、第三代，卻從沒忘記自己是金門人後代。

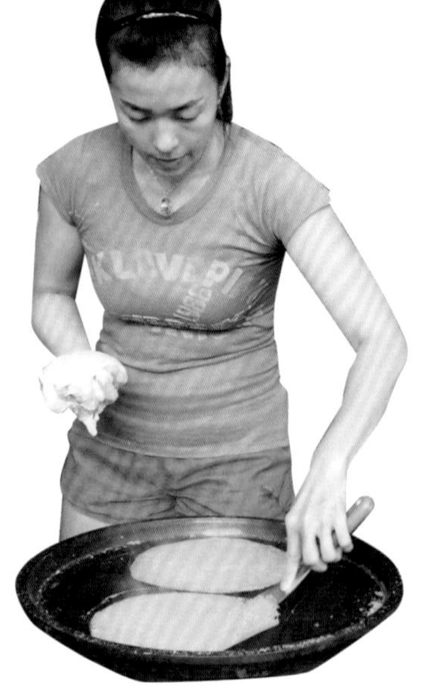

從 1860 年到 1949 年金門共有四波的南洋移民潮，在馬來西亞的潤餅裡也有機會看到貢糖。食物洩漏了先人的遷移路線，也豐富了當地的飲食。

我直到40歲才因為工作關係第一次踏上金門，兩、三天的時間對金門只是短期初探，了解非常有限，像是認識了只有一面之緣的朋友，沒想到讓我進一步了解金門的契機是因為一顆貢糖。

貢糖裡包著的是金門婦女獨守空閨的幽怨、是金門男兒外出打拚的艱苦心酸、是廈門人的日常、是阿兵哥忐忑不安的憂慮，每一個角色都有說不完的心事，貢糖輾壓機一如時代巨輪，輾壓了這些人漫長的人生與青春。

明白了這些來龍去脈後，再嚐貢糖的心情就複雜許多，甚至有些澎湃。你也想聽故事嗎？那麼不如學金門人「高粱配牛肉角、烏龍茶配貢糖」，沏一壺好茶，隨著裊裊上升的熱煙，聽他們娓娓道來。

1 陳榮昌（2004-12-25）｜《世界金門日僑社系列報導之二》金僑早年連鎖式移民分布東亞各國。《金門日報》

## 有趣的貢糖吃法

除了貢糖本身，貢糖的外包裝也很有意思。目前金門尚存兩家生產「竹葉貢糖」的店家，1959年之前沒有塑膠袋[2]，洪松柏說，「花生容易出油，且容易產生油耗味，竹葉包貢糖可以隔絕油氣，竹葉香又能回饋給貢糖，相得益彰。」

貢糖除了茶配，金門人還有多種吃法，金門有句俗諺「貢糖油炸鬼、紅菸番仔火」，意思是說香菸需要火柴才點得著，香菸與火柴是絕配，貢糖與油條也是絕配。把貢糖碾碎撒在油條上吃，味道鹹甜鹹甜。

碾碎的貢糖除了撒在油條上，還能撒在潤餅菜裡，金門、廈門都這樣吃，貢糖是潤餅的靈魂角色，取代花生粉、糖粉。

第三種吃法，是不放潤餅菜，單放貢糖或麻荖包在潤餅裡吃，想想也很有道理，貢糖又甜又容易掉屑，潤餅皮既可以中和甜度，也解決了掉屑的問題，這吃法跟潮汕的「糖蔥薄餅」異曲同工。

廈門有一種老小吃叫「貢糖軟（kauh）餅」，廈門朋友回憶：「五十多年前，如果考試一百分，媽媽會買這個做為獎勵。」把整塊貢糖、糖醋漬白蘿蔔絲（當地稱菜頭酸）、香菜、沙丁魚、沙茶醬等包夾在「北仔餅」（當地人對北方爐烤燒餅的統稱）裡，吃起來甜鹹辣酸，味道獨特。

2 綜合報導（2019-10-23）｜環保殺手塑膠袋…發明者初衷是為「拯救地球」。《自由時報》

# 兩地貢糖比一比

LOCATION 金門

NAME 貢糖

**包裝** 包竹葉或塑膠

**口感** 較有花生顆粒感

**成名** 因服役軍人攜帶伴手禮回臺灣本島而得名

**吃法** 茶配、撒油條上吃、包潤餅吃

**時機點** 金門人過年、祭祖敬神時吃；臺灣本島人多日常食用

LOCATION 漳州龍海市白水鎮

NAME 貢糖

**包裝** 包紅白紙

**口感** 外硬內鬆脆，口感綿密

**成名** 龍海金旺旺公司白水貢糖於2015年被列入漳州市「第六批市級非物質文化遺產」

**吃法** 茶配、廈門貢糖餃餅、潤餅的配料之一

**時機點** 嫁娶、日常

**臺灣臺北 史大華精緻麵食（安和店）**
電話：+886-2-2738-8788
地址：臺北市大安區安和路二段145號

**甘肅蘭州 馬子祿牛肉麵（農民巷店）**
電話：+86-931-489-8655
地址：蘭州市東崗西路486號

**馬來西亞吉隆坡 新九如牛肉麵**
電話：+60-12-673-7318
地址：7A, Jalan Tun Tan Cheng Lock,City Centre,50000 Kuala Lumpur,Wilayah Persekutuan Kuala Lumpur,Malaysia

**馬來西亞吉隆坡 頌記牛肉丸粉**
電話：+60-19-944-6827
地址：86,Jalan Tun H S Lee,City Centre,50050 Kuala Lumpur,Wilayah Persekutuan Kuala Lumpur,Malaysia

**馬來西亞吉隆坡 麗豐茶餐室牛肉麵**
電話：+60-3-2022-2011
地址：138, Jalan Tun H S Lee, City Centre, 50050 Kuala Lumpur, Wilayah Persekutuan Kuala Lumpur, Malaysia

## 蚵仔煎

**臺灣臺北 圓環頂**
電話：+886-2-2720-9505
地址：臺北市信義區吳興街269巷5號

**福建廈門 蓮歡海蠣煎**
電話：+86-592-203-5236
地址：廈門市局口街橫巷10號

## 擔仔麵

**臺灣臺南 度小月擔仔麵（臺北迪化店）**
電話：+886-2-2556-6246
地址：臺北市大同區迪化街一段112號

**臺灣臺南 府城食府**
電話：+886-6-295-1000
地址：臺南市安平區華平路152號

**福建廈門 明月蝦麵**
電話：+86-592-202-8139
地址：廈門市廈禾路180號

**馬來西亞檳城 木通福建麵**
電話：+60-16-496-4595
地址：192, Jalan Burma, Kampung Syed, 10350 George Town, Pulau Pinang,Malaysia

**馬來西亞檳城 三條路888福建麵**
地址：67-A, Lebuh Presgrave, 10300 George Town, Pulau Pinang, Malaysia

**馬來西亞檳城 老青屋茶餐室**
電話：+60-16-421-1717
地址：223,Jalan Burma,10050 George Town,Pulau Pinang,Malaysia

## 牛肉麵

**臺灣臺北 穆記**
電話：+886-2-2722-2707
地址：臺北市信義區吳興街239號

**臺灣臺北 牛肉麵‧雞湯（本店）**
電話：+886-2-2778-7776
地址：臺北市松山區市民大道四段85號

**臺灣臺北 許仔豬腳麵線**
電話：+886-952-005-739
地址：臺北市大同區保安街49巷17號

**臺灣臺南 三好一公道當歸鴨麵線**
電話：+886-6-220-6858
地址：臺南市中西區府前路一段2號

**馬祖北竿 鏡沃小吃部**
電話：+886-8-365-5558
地址：連江縣北竿鄉芹壁村75號

**臺灣基隆 益麵線羹**
電話：+886-2-2424-5412
地址：基隆市仁愛區仁一路317號

**臺灣澎湖 漁夫才哥手工麵線**
電話：+886-919-091-606
地址：澎湖縣湖西鄉西溪村126-7號

**臺灣澎湖 和興製麵廠**
電話：+886-6-998-1121
地址：澎湖縣西嶼鄉池東村157號

**臺灣澎湖 朝昔廬客棧（需預約）**
電話：+886-6-921-0750
地址：澎湖縣馬公市安宅里200號

**福建漳州 建國蚵煎蚵麵**
電話：+86-137-9905-8840
地址：漳州市薌新華西路榮花苑二期28棟

**福建廈門 傳統麵線糊**
電話：+86-139-5922-2698
地址：廈門市思明區開元路162號

**福建泉州 水門國仔麵線糊**
電話：+86-595-2237-4472
地址：泉州市水門巷19號

**福建廈門 黑明餐廳**
電話：+86-592-222-1577
地址：廈門市湖濱南路57號

**福建漳州 建國蚵煎蚵麵**
電話：+86-137-9905-8840
地址：漳州市薌新華西路榮花苑二期28棟

**廣東揭陽 天鵬酒店宴會廳**
電話：+86-66-3339-9988
地址：揭陽市登崗鎮潮汕機場進場路環島東北側

**馬來西亞檳城 福泉香**
電話：+60-4-261-1004
地址：344-G-5, Gat Lebuh Macallum, 10300 George Town, Pulau Pinang,Malaysia

**馬來西亞檳城 美園茶室**
地址：415, Jalan Burma, Pulau Tikus, 10350 George Town, Pulau Pinang,Malaysia

## 麵線糊

**臺灣雲林 老等油飯麵線糊**
電話：+886-938-906-338
地址：雲林縣北港鎮中秋路87號

**臺灣彰化 王罔麵線糊**
電話：+886-958-629-960
地址：彰化縣鹿港鎮民族路268號

**臺灣臺北 阿川麵線**
電話：+886-2-2552-3962
地址：臺北市大同區民生西路198-17號

**臺灣高雄 天天沙茶火鍋**
電話：+886-7-551-8868
地址：高雄市鹽埕區七賢三路240號

**臺灣屏東 新園汕頭火鍋**
電話：+886-8-732-3547
地址：屏東縣屏東市興市巷13號

**福建廈門 友生沙茶麵**
電話：+86-137-7465-2928
地址：廈門市開元路147號

**福建廈門 烏糖沙茶麵**
電話：+86-592-204-1658
地址：廈門市民族路76號

**廣東汕頭 立懷粿條店**
地址：汕頭市金平區東墩街道汕樟路161號之6

**廣東汕頭 八合里海記總店**
電話：+86-754-8870-8552
地址：汕頭市金平區黃岡路坪西2座

**馬來西亞馬六甲 郭氏潮州沙嗲（McQUEK's）**
電話：+60-12-606-2993
地址：288,Jalan Parameswara,Kampung Bandar Hilir,75000 Melaka,Malaysia

**福建莆田 仙遊郊尾鎮郊園酒店**
電話：+86-136-4699-2666
地址：莆田市仙遊縣郊尾鎮郊尾周88號

**馬來西亞詩巫 世家**
電話：+60-19-817-1076
地址：16, Jalan Pahlawan, Pekan Sibu, 96000 Sibu, Sarawak,Malaysia

## 割包

**臺灣臺北 一甲子餐飲**
電話：+886-2-2311-5241
地址：臺北市萬華區康定路79號

**臺灣臺北 藍家割包**
電話：+886-2-2368-2060
地址：臺北市中正區羅斯福路三段316巷8弄3號

**臺灣臺北 源芳刈包**
電話：+886-2-2381-0249
地址：臺北市萬華區華西街17-2號

**福建泉州 好味來海鮮（需預約）**
地址：泉州市惠安縣崇武鎮蓬島東路16-15-9

## 沙茶醬

**臺灣基隆 廣東汕頭牛肉店**
電話：+886-2-2423-3797
地址：基隆市中山區復旦路17之6號

**臺灣新竹 西市汕頭館（總店）**
電話：+886-3-524-4430
地址：新竹市北區西安街70號

## 土豆仁湯

**臺灣臺北 八棟圓仔湯**
電話：+886-2-2332-9617
地址：臺北市中正區中華路二段307巷內

**臺灣臺北 欣葉臺菜餐廳（創始店）**
電話：+886-2-2596-3255
地址：臺北市中山區雙城街34之1號

**福建廈門 佘阿姨花生湯**
電話：+86-158-8028-0037
地址：廈門市思明北路62號

**福建廈門 思北花生湯**
電話：+86-185-5902-2238
地址：廈門市思明北路64號

**福建福州 耳聾伯元宵**
電話：+86-591-8394-3029
地址：福州市南園路64號

## 豆花

**臺灣臺北 愛弟豆花**
電話：+886-2-2532-1485
地址：臺北市中山區北安路542號

**臺灣臺東 成功豆花**
電話：+886-8-985-4128
地址：臺東縣成功鎮中山路63號

**香港 甜姨姨私房甜品**
電話：+852-2508-6962
地址：香港天后清風街13號地下

**澳門 李康記豆腐花**
電話：+853-2837-6670
地址：澳門新馬路福隆新街33-37號

**福建漳州 阿君豆花**
電話：+86-596-236-8650
地址：漳州市青年路199-4號

**廣東汕頭 老牌廣場豆花**
地址：汕頭市公園路匯濤花園1樓

**廣東汕頭 李記老牌豆腐花**
電話：+86-137-1585-3528
地址：汕頭市鷗汀街道金竹園路金竹園205棟

**馬來西亞怡保 奇峰豆腐花**
電話：+60-12-516-1607
地址：50, Jalan Mustapha Al-Bakri, Taman Jubilee, 30300 Ipoh, Perak,Malaysia

**馬來西亞怡保 頂豐潮州豆腐花**
電話：+60-11-1074-3028
地址：8, Jalan Panglima, 30000 Ipoh, Perak,Malaysia

**馬來西亞檳城 Auntie Gaik lean's**
電話：+60-17-434-4398
地址：1, Bishop St, Georgetown, 10200 George Town, Penang, Malaysia

**馬來西亞馬六甲 nyonya63**
電話：+60-6-282-6222
地址：63, Jalan Tun Tan Cheng Lock,Taman Kota Laksamana, 75200 Melaka,Malaysia

## 傻瓜乾麵

**臺灣臺北 樺林乾麵**
電話：+886-2-2331-6371
地址：臺北市中正區中華路一段91巷15號

**臺灣臺北 林家乾麵**
電話：+886-2-2339-7387
地址：臺北市中正區泉州街11號

**臺灣臺北 南門福州傻瓜乾麵**
電話：+886-2-2394-8108
地址：臺北市中正區南昌路一段59巷32號

**福建福州 古街撈化**
電話：+86-139-0690-8339
地址：福州市晉安區普連路88號

**福建福州 安平依杰拌粉乾**
電話：+86-152-5919-1913
地址：福州市台江路260號

**福建福州 草本湯（代表號）**
電話：+86-131-0142-0206
地址：福州市林浦路325號

## 雞卷

**臺灣臺北 欣葉餐廳創始店**
電話：+886-2-2596-3255
地址：臺北市中山區雙城街34之1號

**臺灣臺北 福華飯店蓬萊邨**
電話：+886-2-2326-7433
地址：臺北市大安區仁愛路三段160號

**臺灣新北 車頭鹹粥**
電話：+886-2-2641-5358
地址：新北市汐止區大同路二段617號

**臺灣嘉義 阿富網絲肉捲**
電話：+886-5-227-3095
地址：嘉義市東市場內

**福建漳州 新行頭五香**
電話：+86-596-653-0358
地址：漳州市龍海區人民西路與榜寧路交查路口北側

**福建廈門 阿杰五香**
電話：+86-137-9984-2618
地址：廈門市思明區大元路19號

**馬來西亞檳城 七條路巴剎滷肉**
地址：40-48, Lebuh Cecil, 10300 George Town, Pulau Pinang ,Malaysia

**馬來西亞檳城 老青屋茶餐室**
電話：+60-16-421-1717
地址：223,Jalan Burma,10050 George Town,Pulau Pinang,Malaysia

**馬來西亞檳城 蓮記薄餅**
電話：+60-16-437-6683
地址：40-48，Lebuh Cecil,10300 George Town,Pulau Pinang,Malaysia

**馬來西亞太平 拉律馬登（Larut Matang）熟食小販中心64號薄餅**
電話：+60-12-565-0045
地址：Food Stall 64,Larut Matang Hawker Centre,No 1,Jalan Panggung Wayang,34000 Taiping,Perak,Malaysia

**馬來西亞金寶 Zul Popia&Sate Kampar**
地址：Dataran Makanan,Kampar（金寶巴士站旁）, Malaysia

## 麵粉煎

**臺灣臺北 李記麵粉煎（饒河分店）**
電話：+886-980-538-457
地址：臺北市松山區饒河街102號前

**福建廈門 鍾麗君滿煎糕**
電話：+86-159-5926-5835
地址：廈門市開禾路30號（第八市場內）

**福建漳州 小鄭麵煎粿**
電話：+86-131-5949-4819
地址：漳州市青年路194號

**福建泉州 康庄滿煎糕**
電話：+86-595-2239-3177
地址：泉州市鯉魚區裴巷35號

**馬來西亞詩巫 家家樂飲食坊**
電話：+60-16-888-1058
地址：Pekan Sibu,96000 Sibu,Sarawak,Malaysia

**馬來西亞詩巫 新首都冷氣大酒家**
電話：+60-84-326-066
地址：No.46,1st Floor,Lebuh Tanah Mas,Sarawak,96000 Sibu,Malaysia

## 潤餅

**臺灣臺中 楊清華潤餅**
電話：+886-4-2372-0587
地址：臺中市西區五廊街68號

**臺灣臺南 金得春捲**
電話：+886-6-228-5397
地址：臺南市中西區民族路三段19號

**福建泉州 老金鐘潤餅**
電話：+86-595-2892-8585
地址：泉州市鯉城區泉州西街163號

**福建漳州 老國三角粿**
電話：+86-135-9967-0343
地址：漳州市歷史古街區太古橋8-10

**福建廈門 逸安薄餅**
電話：+86-592-703-6876
地址：廈門市同安區大同街道城西新街居安里37-38號

**福建廈門 黑明餐廳**
電話：+86-592-222-1577
地址：廈門市湖濱南路57號

**臺灣臺南 康樂街牛肉湯**
電話：+886-6-227-0579
地址：臺南市中西區康樂街325號

**臺灣高雄 天天沙茶火鍋**
電話：+886-7-551-8868
地址：高雄市鹽埕區七賢三路240號

**臺灣屏東 新園汕頭火鍋**
電話：+886-8-732-3547
地址：屏東縣屏東市興市巷13號

**廣東汕頭 八合里海記總店**
電話：+86-133-0277-2185
地址：汕頭市黃岡路與中山路交口北行300米路西坪西6座014-016號舖面

## 薑母鴨

**臺灣臺北 霸味薑母鴨(承德店)**
電話：+886-2-2885-4248
地址：臺北市士林區承德路四段46號

**福建廈門 阿呆薑母鴨**
電話：+86-138-6045-0343
地址：廈門市大同路332-101

**福建廈門 阿呆鹽鴨店**
電話：+86-133-6592-5209
地址：廈門市同安區祥平街道陽翟村489號

**福建泉州 忠記鹽燒薑母番鴨**
電話：+86-595-2277-5083
地址：泉州市崇福路91號

**馬來西亞檳城 浮羅池滑早市 慢煎糕**
地址：3,Jalan Pasar,Pulau Tikus,10350 George Town,Pulau Pinang,Malaysia

**馬來西亞檳城 瑞江茶餐室前無名慢煎糕攤**
地址：319, Jalan Burma, George Town, 10350 George Town, Pulau Pinang, Malaysia

**馬來西亞檳城 瑞江茶餐室內印度Apong**
電話：+60-12-470-7039
地址：319, Jalan Burma, George Town, 10350 George Town, Pulau Pinang, Malaysia

**馬來西亞麻坡 阿源慢煎糕**
地址：Jalan Yahya, Pekan Muar, 84000 Muar, Johor,Malaysia

## 汕頭火鍋

**臺灣臺北 清香沙茶火鍋**
電話：+886-2-2331-9561
地址：臺北市萬華區西寧南路82巷5號

**臺灣新竹 西市汕頭館(總店)**
電話：+886-3-524-4430
地址：新竹市北區西安街70號

**臺灣臺南 阿裕牛肉涮涮鍋**
電話：+886-6-279-5500
地址：臺南市仁德區崑崙路733-1號

**臺灣臺南 億哥牛肉湯**
電話：+886-6-260-2990
地址：臺南市東區裕農路574號

**福建莆田 郊園酒店**
電話：+86-594-738-2777
地址：莆田市仙遊縣郊尾鎮郊尾周88號

**福建泉州 泉府滷麵館**
電話：+86-595-2288-9352
地址：泉州市花巷59-3號

**馬來西亞檳城 青屋蝦麵**
電話：+60-16-421-1717
地址：223,Jalan Burma,10050 George Town,Pulau Pinang,Malaysia

## 鹹飯

**臺灣臺北 合江街無名高麗菜飯、排骨湯**
電話：+886-987-293-527
地址：臺北市中山區合江街2號

**臺灣臺北 吃吃看小館**
電話：+886-2-2371-7555
地址：臺北市萬華區貴陽街二段32號

**臺灣臺北 THE上海**
電話：+886-2-8101-8161
地址：臺北市信義區市府路45號（臺北101）4樓

**臺灣彰化 阿美香菇高麗菜飯**
電話：+886-4-888-4223
地址：彰化縣北斗鎮斗苑路一段121號

**福建漳州 蘆溪鹹飯**
電話：+86-132-3501-6023
地址：漳州市薌城區北京路258號（新華西商業街18幢幢D11號）

## 鼎邊趖

**臺灣臺北 連峰鯤邊趖**
電話：+886-2-2702-3526
地址：臺北市大安區信義路三段192之1號

**馬祖南竿 阿妹的店鼎邊糊**
電話：+886-8-362-6375
地址：連江縣南竿鄉介壽村獅子市場2樓

**福建漳州 添天鍋邊糊**
地址：漳州市悅港路100-13號

**福建福州 回頭客連江鍋邊**
電話：+86-155-0590-2711
地址：福州市省府路71號

**馬來西亞詩巫 興園餐室**
電話：+60-10-973-1465
地址：2-40, Jalan Tukang Besi, Pekan Sibu, 96000 Sibu, Sarawak,Malaysia

## 滷麵

**臺灣臺南 阿婆魯麵**
電話：+886-6-220-4090
地址：臺南市中西區國華街三段51-2號

**福建漳州 阿蛤正宗洋老洲滷麵**
電話：+86-132-7596-6720
地址：漳州市大通北路和平里22幢5號店面

**福建漳州 阿芳滷麵**
電話：+86-136-0508-1978
地址：漳州市延安北路中閩百貨大樓邊店面

**臺灣彰化 清記冰菓店**
電話：+886-4-832-0157
地址：彰化縣員林市中山路二段18號

**福建廈門 貓街茶果（漳州四果湯）**
電話：+86-137-7993-9157
地址：廈門市頂澳仔11號

**福建漳州 公園臺灣鑫鮮雞排四果冰**
電話：+86-138-0693-9174
地址：漳州市青年路133-22號

**福建漳州 老店四果湯**
電話：+86-136-0755-2697
地址：漳州市打銅街36-5號

**馬來西亞檳城 汕頭街四果湯**
電話：+60-12-473-2118
地址：84, Lebuh Kimberley, George Town, 10100 George Town, Pulau Pinang,Malaysia

## 光餅

**臺灣臺北 明日咖啡MOTCAFÉ（新富町店）**
電話：+886-2-2302-3779
地址：臺北市萬華區三水街70號

**臺灣臺北 唐記鹹光餅**
電話：+886-987-292-162
地址：臺北市萬華區三水街70號（新富市場內）

**臺灣臺北 新利大雅餐廳**
電話：+886-2-2331-3931
地址：臺北市萬華區康定路70號1樓

**福建泉州 阿秋牛排（湖心街店）**
電話：+86-595-2216-3336
地址：泉州市湖心街500號

**福建莆田 仙遊郊尾鎮郊園酒店**
電話：+86-59-4738-2777
地址：莆田市仙遊縣郊尾鎮郊尾周88號

**馬來西亞馬六甲 板底街芋飯肉羹湯**
電話：+60-17-690-1099
地址：11 Jalan Kampung Pantai,75200 Melaka,Malaysia

**馬來西亞大山腳 益美園飲食中心833芋飯**
電話：+60-16-421-5015
地址：Lorong Rusa,Taman Selamat,14000 Bukit Mertajam,Pulau Penang,Malaysia

## 四果湯

**臺灣臺北 大元冰店**
電話：+886-2-2345-2213
地址：臺北市信義區莊敬路378號

**臺灣臺南 和興冰菓部**
電話：+886-6-662-1877
地址：臺南市後壁區46號

**臺灣臺南 共益冰菓室**
電話：+886-6-590-7912
地址：臺南市新化區中正路385號

**臺灣臺南 龍泉冰店**
電話：+886-6-572-1796
地址：臺南市麻豆區平等路2-4號

**臺灣金門 聖祖貢糖金城門市**
電話：+886-8-232-6997
地址：金門縣金城鎮中興路88號

**臺灣金門 金瑞成貢糖（八達樓店）**
電話：+886-8-236-3389
地址：金門縣烈嶼鄉西路35-1號

**福建漳州 正興白水貢糖**
電話：+86-139-5968-7799
地址：漳州市龍海市白水大埕角白水鎮景泰路上

**福建漳州 真好意白水貢糖（港尾店）**
電話：+86-596-688-2990
地址：漳州市龍海市港尾鎮梅市村鴻江路91號

**馬祖南竿 918餐廳**
電話：+886-8-362-2699
地址：連江縣南竿鄉馬祖村33號

**馬祖南竿 超群西點麵包城**
電話：+886-8-362-2251
地址：連江縣南竿鄉馬祖村93號

**馬祖南竿 寶利軒**
電話：+886-8-362-2128
地址：連江縣南竿鄉介壽村96號

**福建漳州 建甌光餅**
電話：+86-134-5992-3886
地址：漳州市太古橋1號

**福建福州 彬德橋糊粿舖**
電話：+86-591-8325-2501
地址：福州市南園路19-2號

**馬來西亞詩巫 家家樂飲食坊**
電話：+60-16-888-1058
地址：Pekan Sibu,96000 Sibu,Sarawak,Malaysia

**馬來西亞詩巫 亮亮飲食店**
地址：42,Jalan Teruntun,Pekan Sibu,96000 Sibu,Sarawak,Malaysia

**馬來西亞詩巫 ALOHA貴賓美食中心**
地址：Jalan Keranji,Pekan Sibu,96000 Sibu,Sarawak,Malaysia

註：表推薦

# 喔！臺味原來如此

潤餅裡包什麼，透露你的身世！ 20種常民小吃的跨境尋跡與風味探索


作者與攝影　陳靜宜
特約主編　馮忠恬
部分校對　蔡榮欣
美術設計　黃祺芸
社長　張淑貞
總編輯　許貝羚
行銷企劃　洪雅珊

發行人　何飛鵬
事業群總經理　李淑霞
出版　城邦文化事業股份有限公司　麥浩斯出版
地址　104台北市民生東路二段141號8樓
電話　02-2500-7578
傳真　02-2500-1915
購書專線　0800-020-299

發行　英屬蓋曼群島商家庭傳媒股份有限公司城邦分公司
地址　104台北市民生東路二段141號2樓
電話　02-2500-0888
讀者服務電話　0800-020-299（9:30AM-12:00PM；01:30PM-05:00PM）
讀者服務傳真　02-2517-0999
讀這服務信箱　csc@cite.com.tw
劃撥帳號　19833516
戶名　英屬蓋曼群島商家庭傳媒股份有限公司城邦分公司
香港發行　城邦〈香港〉出版集團有限公司
地址　香港灣仔駱克道193號東超商業中心1樓
電話　852-2508-6231
傳真　852-2578-9337
Email　hkcite@biznetvigator.com

馬新發行　城邦〈馬新〉出版集團 Cite(M) Sdn Bhd
地址　41, Jalan Radin Anum, Bandar Baru Sri Petaling,
57000 Kuala Lumpur, Malaysia.
電話　603-9057-8822
傳真　603-9057-6622

製版印刷　凱林印刷事業股份有限公司
總經銷　聯合發行股份有限公司
地址　新北市新店區寶橋路235巷6弄6號2樓
電話　02-2917-8022
傳真　02-2915-6275

版次　初版5刷2023年11月
定價　新台幣499元／港幣166元
Printed in Taiwan




**國家圖書館出版品預行編目(CIP)資料**

喔！臺味原來如此：潤餅裡包什麼，透露你的身世！ 20種常民小吃的跨境尋跡與風味探索 / 陳靜宜著. -- 初版. -- 臺北市：城邦文化事業股份有限公司麥浩斯出版：英屬蓋曼群島商家庭傳媒股份有限公司城邦分公司發行, 2021.06

面；　公分

ISBN 978-986-408-679-5（平裝）

1.飲食風俗 2.食譜 3.臺灣

538.7833　　110006344